KB264556

공부가 제일 쉬운

공부 달인 되기

이은승 지음

가림출판사

이 세상 사람들은 누구나 다 성공하여 최고 자리에 오르고 싶어 한다. 학생들에게 어느 분야에서 그렇게 되고 싶은지 묻는다면 대부분 공부라고 말할 것이다.

누구나 거치는 학창 시절. 많은 학생들이 공부에 치이기도 하고 벗어나려고 발버둥도 친다. 간혹 공부에 미치기도 하고 공부로 울거나 웃기도 한다. 공부라면 말할 것도 없이 최고가 되고 싶을 것이다.

학창 시절 무엇보다 듣기 싫은 것은 '엄친아(엄마 친구 아들)'들의 이야기. 누구는 전교 1등을 했네, SKY 대학을 들어갔네 등. 사실 많은 학생들이 엄친아가 되고 싶어 하면서도, 그들은 특별한 존재로 태초부터 정해졌다고 체념하고, 구체적인 계획을 세우거나 끊임없이 노력하기보다는 그냥 주어진 것에 수긍하며 살아간다.

그러나 처음부터 '넌 엄친아다.'라고 정해신 사람이 있을까? 그건 아니다. 그들은 실패에 대한 긍정적인 태도로 끝없이 노력하였을 뿐 아니라, 공부를 잘할 수 있는 특별한 기술(?)을 가지고 있을 따름이다.

많은 학생들이 끝없이 노력 했는데도 '왜 나는 안 될까' 라는 지기비하에 빠지는데, 과연 무엇이 문제일까? 그것은 바로 엄친아로 불리는 이들이 가지고 있는 특별한 공부 비법을 알지 못하는 것이다. 만약 올바른 공부 비법을 알았다면 일반 학생들도 노력에 합당한 좋은 결과를 얻을 뿐 아니라, 실패를 하더라도 금방 극복할 수 있을 것이다.

지난 세월 나는 한국과 미국에서 수많은 시행착오를 겪으면서 '어떻게 하면 공부를 잘할 수 있을까' 끊임없이 연구하고 분석했다. 그리고 이를 늘 의식하며 공부했던 학생으로서, 학생들을 가르치는 선생으로서, 이런 고민을 상담해 주는 교육 컨설턴트로서, 지난 2003년 『생생 공부 비법』이란 책을 쓴 저자로서 이렇게 업그레이드 버전을 쓰고 있다.

특히 이 책은 얼마만큼의 노력이 어떤 결과로 나타나는지 수학적으로 접근하여 '공부 법칙', '노력의 능률 함수' 및 '노력의 결과 함수'를 만들고, 그것을 공식과 그래프를 사용하여 쉽게 설명했다. 우등생이 되기 위한 방법 또한 구체적으로 명시해 학생들이 쉽게 이해하고 실천할 수 있도록 구성했다.

그러나 공부에 대한 법칙과 공식을 알고 최선의 노력을 한다 해도 성공보다는 실패를 더 많이 경험할 수도 있다. 솔직히 어느 누가 성공보다 실패를 더 좋아할까. 중요한 점은 '이러한 실패를 어떻게 받아들이느냐' 는 것이다.

실패를 실패로만 끝내고 자신감을 잃을 것이 아니라, 그 안에 숨겨진 성공의 열쇠를 찾아야 한다. 실패를 통해 중요한 교훈을 발견하고, 실패를 또 하나의 '성공 과정'

으로 삼아야 한다. 실패를 실패로만 여긴다면 더 이상 발전은 없다. 브라이언 트레이시가 말했던 것처럼, 실패란 결코 '끝'이 아닌 '다음 성공을 위한 발판'임을 깨달아야 한다. 실패는 끝이 아닌 바로 새로운 시작을 의미한다.

공부를 하면서 계속 실패를 하게 되더라도 쉽게 포기하지 말고, 어떻게 하면 더 잘할 수 있을까, 무엇이 잘못되었는가를 끊임없이 반성하고 찾기 바란다. 이 책에 소개한 방법은 절대적인 것이 아니므로 집착할 필요는 없다. 필요에 따라 자신에게 맞는 공부 방법을 스스로 찾아가는 데 활용하면 된다. 공부를 잘하려면 무엇보다 확실한 꿈과 목표를 설정해야 함을 명심하길 바란다.

꿈과 목표가 있는가.

꿈과 목표가 있다면 '할 수 있다'는 의지력도 강하게 키워야 한다.

"I have a dream, therefore I can!"

"나는 꿈이 있다. 그러므로 나는 할 수 있다."

2009년 미국 캘리포니아 얼바인에서 새해를 맞이하며

저자 이 은 승

차
례

제 4 장

우리도 공부의 신이 될 수 있다

제 8장

재키의 영어 따라 잡기

1

꿈과 목표를 확실하게 정하라

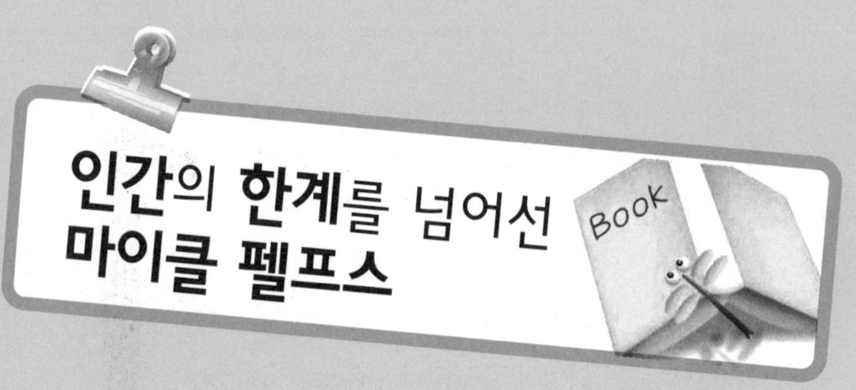

"올림픽 8관왕이 되기 위해서는 무엇이 필요한가요?"

"먹고 자고 수영하는 것이요. 오늘이 무슨 요일인지도 몰라요. 날짜도 모르구요. 전 그냥 수영만 해요."

- 미국 어느 방송사와의 인터뷰에서 마이클 펠프스 -

2008년 베이징 올림픽에서 단연 돋보인 선수는 금메달 8관왕 수영선수 마이클 펠프스일 것이다. 이 선수가 올림픽에서 금메달을 하나씩 딸 때마다 나는 그냥 단지 '수영하기 좋은 신체 조건을 가졌나 보다' 라고만 생각했다. 하지만 과연 타고난 신체 조건, 운동신경만으로 올림픽 8관왕이 되고 세계 신기록들을 모조리 갈아 치울 수 있었을까?

마이클 펠프스의 별명은 펠피쉬(Phelfish)로 그의 이름

'펠프스(Phelps)'와 물고기를 뜻하는 영어 단어 '피시(fish)'의 합성어다. 물고기처럼 빠르게 헤엄친다는 의미이기도 하지만, 사실은 어릴 적 '주의력결핍 과잉행동장애(ADHD)'에 따르는 '이기적인(셀피시, selfish) 행동'에 대한 주위 평가에서 나온 별명이기도 하다(뉴시스 2008년 8월 17일자, 'ADHD 앓았던 펠프스, 장애도 세계도 모두 뛰어넘었다' 참고).

펠프스가 과잉행동장애에서 벗어날 수 있었던 것은 '수영' 덕분이다. 평소 겁이 많아 수영장 물속에 들어가기도 싫어하던 펠프스는 가족의 도움으로 물과 친해질 수 있었다. 특히 수영선수 출신 누나들의 도움으로 본격적인 수영선수의 길을 걷게 되었다고 한다.

마이클 펠프스의 신체는 비교적 수영선수로서 남들보다 뛰어난 조건을 가지고 있으며, 특히 발길이는 350mm로 다른 선수들보다 유난히 길다. 하지만 이를 제외한 나머지 신체 조건은 다른 수영선수들과 비교할 때 특별히 뛰어나다고 할 수 없다. 즉, 신체 조건만을 따지고 보면 수영에 유리한 것은 사실이지만, 그렇다고 다른 선수들보다 압도적으로 뛰어나지는 않다.

그런 마이클 펠프스가 수영 황제가 될 수 있었던 이유는 다른 선수들과 다른 수영 기법과 훈련에 있다. 예를 들면, 펠프스는 다른 선수들보다 물속에서 발차기를 두 배나 더 많이 하거나, 더 많은 시간 동안 잠영한다. 그는 이를 위해 8kg 무게가 나가는 띠를 허리에 두르고, 40초 동안 돌핀킥을 연습하고, 산소가 저지대보다 20% 부족한 고산지대에서 하루에 6시간씩 16km를 수영했다.

마이클 펠프스가 이제까지 그 누구도 이르지 못한 올림픽 8관왕이라는 대업적을 이룸과 동시에 자신의 꿈을 이룰 수 있었던 것은 바로 자신을 믿고, 열심히 노력한 결과이다. 마이클 펠프스는 세계 최고가 되는 것은 인간의 한계를 넘는 고통, 인내, 노력 없이 되는 것이 아님을 다시 한 번 입증했다.

노력의 한계를 넘어선
고승덕 변호사

자는 시간 빼고는 모두 공부했다. 밥 먹는 시간도 아까웠고 남들과 똑같이 먹어서는 안 된다고 생각했다. 반찬 떠먹는 시간도 아까웠고 씹는 시간도 아까웠다. 그래서 모든 반찬을 밥알 크기로 으깨어 밥과 비벼 최대한의 씹는 시간도 아꼈다.   - 『포기하지 않으면 불가능은 없다(개미들출판사)』 중에서 -

고승덕 변호사는 변호사, 방송인, 작가, 증권 분야 강사, 국회의원 등 보통 사람들이 하나라도 가지기 힘든 직업을 여러 개 소유하고 있고, 대학 겸임 교수까지 역임한 다재다능한 사람이다. 남들은 몇 년을 공부해도 하나도 합격하기 힘든 고시를 대학생 때 무려 3개나 합격했던 그다. 사법고시 최연소 합격, 외무고시 차석, 행정고시 수석, 그리고 서울대 법대를 수석 졸업한 것도 모자라 하버드대 법학석사에 이어 예일대 법학석사, 컬럼비아대 법학박사, 미국 4개주 변호사, 세계 최대 로펌 B&M 근무 등 열거하기 힘들 정도로 화려한 이력을 가진 법조계의 팔방미인이다.

나는 처음 방송을 통해 고승덕 변호사의 이야기를 들었을 때 그가 그냥 단지 남들보다 머리가 좋고 열심히 공부했다고만 생각했다. 하지만 그것이 아닐 수도 있다는 생각이 들었고, 일반 사람들과 어떤 다른 점이 있었기에 그가 공부의 달인이 될 수 있었을까란 의문이 생겼다. 그래서 고승덕 변호사의 책과 강연 내용을 토대로 그 비밀을 알아봤다.

고승덕 변호사는 자신이 다른 일반 사람에 비해 크게 다른 점이 없다고 한다. 굳이 다른 점을 꼽는다면 24시간 중 잠자는 7시간을 뺀 나머지 17시간을 공부만 했다는 것과 남들이 책을 3~4번 볼 때 그는 10번 이상씩 읽었다는 것이다.

고승덕 변호사가 이룬 이력은 할 수 있다는 확신을 가지고 남보다 더 많은 노력을 했기 때문에 가능했다. 그는 자신이 머리가 뛰어나게 좋지 않다는 것을 알았기 때문에 남들보다 더 많은 노력을 해야 남들만큼 결과를 얻을 수 있다는 것을 알았다고 한다. 즉, 남들과 똑같이 해서는 절대 노력했다고 할 수 없다고 생각했다. 그래서 그는 남들보다 항상 그 이상을 노력해서 성공 확률을 높였다.

여러분은 마이클 펠프스와 고승덕 변호사의 이야기를 읽고 어떤 생각을 했는가. 이들에게 일반 사람과 다른 큰 차이점이 있다면 그냥 노력만 했다는 것이 아니라 바로 '죽을 힘을 다해 노력했다'는 것이다.

하지만 우리 대부분 사람은 어떠한가. 성공한 사람들이 얼마나 힘든 노력이라는 대가를 치루었는지에 대해서는 별로 관심이 없고, 알고 싶어 하지도 않는다. 성공하고 부자가 되고 싶어 하면서도 노력이나 고생은 하기 싫어하는 모순된 태도를 보인다. 평소에 공부를 잘하고 싶다고 하면서 오락, 잠, 만화책 등 자신이 좋아하는 것은 찾아서 다 하고, 정작 공부는 열심히 하지 않으면서 우등생들을 시기 질투하며, 본인은 왜 그렇게 될 수 없을까란 자책만 하고 있지는 않은가.

사람들은 흔히 말한다. 내일부터 정말 열심히 하겠노라고…. 그러나 중요한 것은 '내일부터', '나중에 하면 되지'가 아니라 지금부터 당장 시작하는 것이다.

물론 이 이야기는 다른 누구보다도 나 자신에게 하고 싶은 말이기도 하다. 마이클 펠프스와 고승덕 변호사의 성공 비결을 보면서 과연 나는 먹고, 자는 것 외에는 계속 해서 꿈을 위한 한 가지만 할 수 있는지, 과연 나는 꿈을 위해서 시간을 아끼며 순간순간 치열하게 살아갈 수 있는지, 꿈만 꾸면서 실천을 하지 않으며 살아가고 있지는 않은지 이 시간 되돌아 보고 싶다.

초등학교 때 공부 못한 사람이 없겠지만 나는 정말 열심히 공부했다. 매일 학교 갔다 와서 숙제는 기본으로 해 놓고, 친구들이 같이 놀자고 해도 애써 외면하며 공부를 했었다. 6학년 1학기가 끝나고 2학기가 되자 드디어 그렇게 공부한 결과가 나타났다. 초등학교 시절 내내 한 번도 받아보지 못한 올백이란 점수도 맞고 반에서 1등을 하게 되었다. 이런 조그마한 나의 노력의 결과는 삶에 힘들어 하시던 부모님께 잠시나마 웃음을 찾게 해 주었다.

이러한 노력은 중학교로도 이어졌다. 중학생이 된 나는 조금 더 열심히 공부해야 한다는 생각으로 잠자는 시간을 줄였다. 학년이 높아지면서 교과서도 많아지고 소화해야 할 내용도 더 어려워졌기 때문이다. 그 결과 반에서 1등을 계속 유지할 수 있었고, 영재 교실이라는 특수 학교 시험을 볼 수 있는 자격도 얻었다.

영재 교실에 시험을 볼 때 나는 자신 있게 합격할 수 있을 거라 믿고 자만하고 있었다. 그러나 결과는 보기 좋게 떨어졌다. 그때까지 공부를 잘해왔던 나에게 영재 교실 낙방은 커다란 충격이었고 상처가 되었다.

비록 영재 교실에는 들어가지 못했지만, 그후로도 나는 주욱 열심히 공부하여 반에서 1등은 물론, 전교에서도 항상 좋은 성적을 유지할 수 있었다. 그리고 중학교 3학년 때 다시 한 번 대원외고라는 특수 학교에 지원할 수 있게 되었다. 이미 영재 교실에 떨어진 경험이 있었기에 열심히 대원외고 시험을 준비했다. 어느 정도 자신감을 가지고 시험을 보았지만, 결국 또 떨어지는 아픔을 맛보아야 했다.

그때부터 내강외약(內强外弱)이라고나 할까? 나는 대내 시험에는 강하고 대외 시험에는 약한 콤플렉스를 가지게 되었다. 두 번의 시험 실패는 대외 시험에 대한 불안감을 가져다 준 동시에 내가 얼마나 우물 안 개구리 같이 공부해왔었는지 깨닫게 해 주었다. 하지만 그때는 '어떻게 공부해야 하는지'에 대해서는 알지 못한 채 일반 고등학교로 진학하였다.

고등학교 생활의 어려움은 입학 첫날부터 시작되었다. 한 학생과 잘못된 만남으로 싸울 뻔했는데, 같은 반까지 되어 학교 생활에 어려움을 겪어야 했다. 고등학교에 올라간 나는 더욱 열심히 공부하기 위해 노력했는데, 그런 나의 모습이 그 녀석 마음에는 들지 않았나 보다.

더 열심히 공부해야 한다는 욕심은 더욱 잠을 줄이게 했고, 정신적·육체적으로 많은 고통을 가중시켰다. 그 대가로 나는 친구들에게 왕따라는 것을 당해야 했고, 수업 시간에 졸다가 선생님께 걸려 입학 첫날부터 매를 맞았다.

'사당오락(四堂五落 : 네 시간 자면 합격하고 다섯 시간 자면 떨어진다)' 이란 말을 굳게 믿은 나는 하루에 두세 시간만 자며 고등학교 1년을 보내는 동안 거의 독학으로 공부하였다. 처음에는 잠을 못 자서 조금 피곤하다는 생각이 드는 정도였는데, 그것은 결국 나를 몽유병 환자처럼 만들어 버렸다. 몽롱한 상태로 학교에 가서 수업을 듣다 보니 많은 것을 배운 것 같지만 기억에는 하나도 남는 것이 없고, 집에 오고 나서야 제정신으로 돌아왔다. 제정신으로 돌아오고 나면 후회가 밀려와서 학교에서 제대로 배우지 못했던 것들을 복습하느라 다시 잠을 두세 시간밖에 자지 않는 어리석은 짓을 반복했다.

처음 며칠 동안은 이렇게 하며 남들보다 공부를 많이 했다는 생각에 만족감이 들었다. 학교에 가서 졸게 되더라도 밤늦게까지 열심히 공부했다는 위안 때문에 내 자신이 잘못되어 가고 있음을 결코 생각하지 못했다. 자신을 합리화하면서 스스로 무덤을 파고 있었던 것이다.

당시 내가 정말 생각이 깊은 학생이었다면 나의 행동이 잘못된 것을 알고 바로 잡으려 했을 것이다. 하지만 그런 생각은 조금도 하지 못했고 '공부를 더 많이 더 열심히 해야 한다'는 욕심으로 자신을 불행하게 만들었다.

　학교에서 배우는 학습 분량이 늘어나고 난이도가 높아짐에 따라 이해하기가 점점 더 어려웠다. 숙제를 다 못해 가고 공부도 밀려서 집에서 겨우 두세 시간 자고도 제대로 따라가기는 무리였다. 이러한 생활은 학교에 가서 온종일 졸고 있는 이은승으로 만들어 버렸다. 그러니 수업 시간에 무슨 이해가 되고 공부가 되었겠는가. 어느새 나는 집에서는 열심히 공부하는 막둥이, 학교에서는 종일 몽롱한 미친 범생이가 되어 있었다.

　집에서 열심히 공부하는 모습을 보신 부모님께서는 내가 반드시 서울대에 들어갈 거라고 믿고 계셨을 것이다. 하지만 학년이 올라감에 따라 학교 생활은 더욱 힘들어졌다. 가을 낙엽처럼 떨어지는 성적은 서울대가 웬말이요, 지방대도 힘들고 심지어는 전문대도 들어가지 못할 거라는 의구심마저 생기게 했다.

　고1 때는 두세 시간만 자고도 나름대로 만족스러운 결과를 얻을 수 있었다. 내신 2등급을 받았기 때문이다. 불행히 그 경험은 잠을 더 줄이면 되지 않을까라는 어리석은 생각을 낳았다. 그 후로도 학교에서 내신 2등급이라는 상위 3% 이내에는 들었지만, 학교 성적만 그랬을 뿐 수능 모의 고사를 치면 반대 결과가 나오기 시작했다.

　수능의 최약점을 내신으로 극복했지만, 이는 나를 더욱 힘들게 했다. 왕따의 조건을 하나 더 늘어나게 했기 때문이다. "저 녀석은 외우는 것만 잘하지 그 외에는 잘하는 게 없어." 이런 말로 친구들에게 놀림을 당해야 했고, '학력 고사' 라는 별명까지 얻게 되었다.

심지어는 선생님들까지 학교 내신 시험을 볼 때 내가 컨닝을 하는 것은 아닐까 하고 의심했다. 그래서 교탁 옆 선생님 밑에서 자주 시험을 봐야 했는데, 이런 선생님들의 불신은 나를 더욱 힘들게 했다.

수능 모의 고사 점수도 갈수록 떨어지자 학교 가는 것이 싫어졌다. 수능이라면 노이로제를 넘어서 거부감까지 느끼게 되었다.

이러한 상황은 결국 나를 자살로 이끌었다. 어느 날, 수능 모의 고사를 보고 가채점을 했는데 역시 점수는 전보다 더 떨어졌다. 게다가 새벽 두 시까지 해도 숙제를 끝내지 못해 괴로워하며 고민하다가 울고 말았다. 그날 서러운 눈물은 결국 아파트 옥상이란 곳으로 나를 몰고 갔다. 아파트 옥상까지 천천히 올라가며 엄청나게 많은 생각을 했지만, 답은 나오지 않았다.

죽기 위해 아파트 꼭대기 층 유리창에 걸터 앉았는데, '무섭다' 는 생각보다는 이런 행동을 하는 내 자신이 싫다' 는 원망이 앞섰다. 그때 비로소 서울대에 떨어지거나 성적이 나쁘다고 비관하는 학생들이 왜 자살이라는 극단적인 선택을 하는지 이해할 수 있게 되었다. 그것은 바로 이상과 현실 사이에서 오는 괴리감 때문이다.

내가 예전에 그랬던 것처럼 많은 학생들이 이상은 높은데 현실에서 그것을 좇아가지 못하기 때문에 괴로워하거나 자신을 질책하곤 한다. 이러한 괴리감은 특히 정신적으로 방황하는 사춘기 학생들을 자살이란 죽음으로 내몰기도 한다.

문득 이런 생각이 들고나니 자살을 하기보다 나의 이상을 현실에 맞추는 것이 더 현명하다고 판단했다. 그래서 걸터 앉은 유리창에서 벗어나려고 하는데, 하마터면 떨어져 죽을 뻔했다. 다행히 몸을 빨리 돌려 위험에서 벗어날 수 있었다. 죽으려고 올라갔다가 죽을 뻔하자 '이제는 살아야겠다'는 마음이 간절해지면서 난관을 극복해 보자며 내 자신을 독려했다.

어느덧 시간은 흘러 고3이 되었다. 고3이 되고 나서야 2년 동안 제대로 하지 못했던 공부에 열중하려 했더니 무척이나 힘들었다. 점점 더 고3 생활은 힘이 들었고, 쏟아지는 책과 문제집이라는 홍수에서 도무지 헤어나올 방법이 없었다. 현실을 받아들이기 싫었지만, 결국 고3 때 재수를 해야겠다고 마음먹었다.

그리고 드디어 98학년도 수능을 치르게 되었다. 결과는 예상했던 것보다 더욱 비참했다. 400점 만점에 200점을 겨우 넘긴 점수였다. 아무리 재수를 하기로 마음먹었다지만, 내 자신이 밉고 부모님께 너무나도 죄송했다.

그날 밤 눈을 맞으며 집까지 걸어가면서 소리 없이 울었다. 눈물 범벅으로 이런저런 생각을 하다가 어느덧 집 근처에 다다랐다. 문을 닫으려는 미용실이 눈에 띄었다. 밤 11시, 미용실로 달려가서 무턱대고 아줌마한테 머리를 빡빡 깎아달라고 부탁했다. 나 때문에 아줌마는 30분 늦게 미용실 문을 닫아야 했지만, 눈물을 보고 사연이 있을 거라 생각하셨는지 머리를 깎아주셨다.

머리를 깎기 시작하자 살며시 눈을 감았다. 적막한 가운데 아줌마가 내 머리카락을 자르는 소리만 들렸다. 그 소리가 유난히도 크게 들려 눈물이 다시 나오려고 했다. 마지막으로 기계 소리가 멈췄을 때 한 번도 보지 못한 '머리를 빡빡 깎은 이은승'이라는 사람이 거울 안에 있었다. 난 황급히 "고맙습니다."란 짧막한 말과 함께 "얼마입니까?"라고 물었는데, 아줌마는 말없이 그냥 가라고 하셨다.

집에 들어가니 자정이 다 되어가고 있었다. 조용히 문을 열고 들어가 간단히 샤워를 하고 침대에 누웠다. 빡빡 깎은 머리를 손으로 만지니까 내 자신이 불쌍하다는 생각에 다시 눈물이 나왔다. 그때 마지막으로 소리 없이 울며 결심했다.

"이제는 아무리 어렵고 힘들더라도 절대 울지 않으리라."

다음날부터 매일같이 학교에 가서 출석 체크만 하고 도서관으로 직행했다. 다른 친구들이 수능 끝나고 대학 선택한다고 들떠 있을 때, 나는 '어떤 학원이 좋을까'를 생각했다. 학원을 선택한 후에는 단과반 수강을 신청했다. 단과반 수업을 듣고 도서관에 다니는 동안 나름대로 수능이란 시험에 대해 분석하기 시작했다.

'도대체 어떻게 공부했길래 이토록 비참한 성적이 나왔을까.' 당시 '공부에 성공했다'는 내용이 기록된 책은 모조리 사다가 읽어보고, 많은 방법을 따라 해 보았다. 하지만 대부분 내용들은 나에게 '뜬 구름 잡기' 식의 공부법이었다. 그래서 '공부 못하는 학생이 공부 잘하는 방법'에 관해 나름대로 연구하며 많은 시행착오를 겪게 되었다.

이렇게 하면서 재수하는 1년 동안 고등학교 시절 부족했던 공부를 어느 정도 보완할 수 있었다. 하지만 고등학교 시절 많은 것을 놓친 나로서는 따라가기가 무척 힘이 들었다. 더욱이 수능에 맞춰서는 공부를 뒤늦게 시작했기 때문에 기대했던 결과는 1년 만에 나타나지 않았다. 결국 가고자 하는 대학에 떨어졌고, 좀 더 잘할 수 있을 거라는 아쉬운 마음에 삼수의 길을 택하게 되었다.

삼수의 길은 생각만큼 쉽지 않았다. 자신을 채찍질하며 학원을 다니면서 열심히 공부했고, 마지막 남은 100일 동안은 후회 없이 공부하기 위해 고시원에 들어갔다. 그때부터는 매일 배운 내용을 그날그날 완전히 복습하고 수능을 위해 모든 것을 바쳐 공부에 매진했다.

모든 시간과 일정을 수능을 보는 마지막 하루에 맞춰 생활했다. 고시원에 들어간 뒤로는 군대 생활을 하는 것처럼 매일 규칙적인 생활을 했다. 그리고 그 100일 동안 80회에 이르는 막대한 분량의 수능 모의 고사를 매일같이 진짜 수능을 본다는 마음가짐으로 풀었다. 수능을 볼 때와 마찬가지로 오후까지 시험 문제를 다 풀고, 저녁을 먹고 난 후 채점했다. 그리고 나서 틀린 문제에 대해 분석하고 부족한 부분은 보완하는 반복적인 생활을 했다.

이런 노력과 노하우 덕분에 결국 원하는 대학에 입학할 수 있었고, 미국으로 유학 와서도 계속해서 장학금을 받을 수 있었다. 뿐만 아니라 학교 최우수 수학상인 LEBON PRIZE을 받고, 미국 National Honored Student에 선정될 수 있었다.

나는 끊임없는 노력으로 대학교 4학년 때 친구 6명과 함께 온라인으로 영어 에세이 첨삭 지도를 도와주는 교육 벤처 사업을 시작했다. 대학을 다니는 동안 『생생 공부비법』, 『재키의 무대뽀 헝그리 유학 성공기』란 책을 출간했고, 대학을 졸업할 때쯤에는 전공 분야를 살려 『Mathpedia』라는 영어에 기반을 둔 수학 용어 사전을 출간하였다.

대학 졸업 후에는 iCAN Company를 설립하여 나노, 바이오, 그리고 에너지 기술 등 인터내셔널 비즈니스에 관련된 마케팅 및 사업을 기획, 개발했다. 현재는 미국 수학 연구 팀장과 대표 강사로서, SAT와 수학 올림피아드 문제 개발 및 기획을 하며 한류 교육을 미국에 전파하고자 노력하고 있다. 앞으로도 이러한 노력을 계속 할 것이다.

꿈과 목표를 확실하게 정하라

이 글을 읽는 독자들은 확고한 꿈과 목표가 있는지 묻고 싶다.

"I wanna be, therefore I am!"

이는 미래 학자인 앨빈 토플러가 젊은이들을 위해 한 말이다.

그는 "젊음이란 꿈을 위해 뭔가 저지르는 것"이라 했다.

우리에게는 2002년 한일 월드컵 때 보여준 '꿈은 이루어진다' 란 문구가 가슴속에 새겨졌다. 그때 '꿈' 이란 단어가 우리에게 현실적으로 굉장히 가까이 다가온 게 아닐까 싶다. 물론, 그전에도 많은 사람들이 꿈에 대해 생각하고 꿈에 대해 얘기 나누기를 좋아했지만, 어디까지나 추상적인 것에 지나지 않았다. 그러나 월드컵 이후 '꿈은 이루어진다'는 말이 온 국민의 화두가 되었고, '꿈을 꾸면 반드시 이루어진다'는 희망이 우리에게 심어졌다.

안타깝게도 많은 사람들이 꿈을 가지고 있다고 생각하지만, 자신의 꿈과 목표에 대해 이야기해 보라고 하면 '없다'거나 '잘 모르겠다'는 답변이 태반이다. 아마 현재에 대한 두려움, 미래에 대한 불확실성, 그리고 잠재의식에 깔려 있는 '설마 내가 잘 할 수 있겠어. 그건 특별한 사람이나 할 수 있지'라는 의심 때문이 아닐까 생각한다. 하지만 그럴수록 꿈에 대해 다시 한 번 생각해 보고, 구체적인 목표를 설정하는 것이 중요하다.

마음속에 꿈을 그리는 것을 멈추지 마라.

꿈에 대해 여러 사람에게 말하고 꿈을 기록해 보라.

늘 자신이 '꿈을 이룰 수 있다'고 세뇌하라.

그리고 꿈을 이룬 사람이 주변에 있나 확인하고 관찰하라. 거기서 많은 것을 얻을 수 있다.

그때 비로소 '꿈을 이루겠다'는 열정이 생긴다.

하나의 꿈이 이루어졌을 때 또 다른 꿈을 이룰 수 있는 기회가 생기기 때문에 늘 꿈꾸기를 주저하면 안 된다.

꿈을 가졌기에 행복했고, 꿈을 이루었기에 위대한 사람이 된 인물 중 하나는 바로 왕따에 얼짱이면서도 세계를 울린 감동 스토리의 주인공 폴 포츠가 아닐까 싶다.

2007년 6월, Britain's Got Talent라는 노래 대회에서 전 세계를 놀라게 한 폴 포츠(영국)는 36세 휴대폰 세일즈맨이었다. 남루한 정장에 자신감 없는 표정, 게다가 배까지 몹시 나오고 앞니까지 부러진 모습은 등장부터 사람들의 관심을 끌지 못했다.

폴 포츠가 "오페라를 부르겠다."고 기어가는 목소리로 어눌하게 말하자, 심사위원들뿐만 아니라 관중들도 의심의 눈초리를 보내기 시작했다. 그런 그가 선택한 노래는 푸치니의 오페라 '투란도트'의 아리아 '공주는 잠 못 이루고'였다.

그런데 웬일인가. 폴 포츠의 목소리는 긴장되었지만 분명 그곳에 있던 모든 사람들을 놀라게 했다.

심사위원들은 태도가 달라졌고, 관객들은 웅성거리기 시작했다. 절정 부분에서 폴 포츠가 고음을 매끄럽게 처리하자, 모든 관객들과 심사위원들이 일어나 기립 박수를 쳤다. 하나같이 감격스럽고 믿지 못하겠다는 표정이었다.

사람들의 반응에 놀라 벙벙하게 서 있는 폴 포츠에게 독설가로 유명한 한 심사위원은 '당신이 진짜로 휴대폰만 판매하는 세일즈맨인가? 당신은 우리가 찾아낸 최고의 보석이다!'라는 찬사를 아끼지 않았다. 다른 심사위원도

'우리는 지금 막 세계를 놀라게 할 보석을 찾았다. 그건 바로 당신!' 이라고 격찬했다.

이 장면을 찍은 동영상은 인터넷을 통해 급속히 전 세계로 퍼져서 사람들을 감동시켰다. 폴 포츠는 그 대회에서 우승한 지 한 달이 좀 넘어 첫 앨범을 세상에 내놓았다. 폴 포츠의 꿈은 드디어 이루어졌다.

세상에는 폴 포츠보다 노래를 잘하는 사람들이 많은데 왜 세계는 이토록 그에게 열광하는 것일까. 그것은 바로 그가 36세가 되도록 꿈을 포기하지 않고 이루려했던 열정을 가지고 있었기 때문이다. 못생긴 외모 때문에 당한 왕따, 교통사고, 종양 수술, 오페라 회사들의 문전박대 등 수많은 고통이 있었지만, 끝까지 포기하지 않고 최선을 다하여 결국 '오페라 가수' 라는 꿈을 이루었기 때문이다.

꿈은 사람을 살아 있게 한다. 그래서 모든 꿈이 소중하다. 꿈은 많을수록 좋다. 오늘, 내일, 그리고 다음 주… 끝없이 꿈을 꾼다면 희망과 기대로 가득 찬 삶을 살 수 있다.

2

공부란 무엇인가

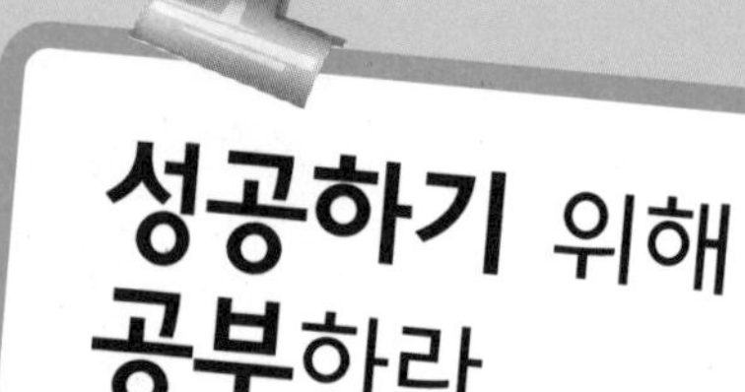

우리는 1장에서 '꿈과 목표'에 대해 이야기해 보았다. 여러분은 이제 꿈과 목표가 확고해졌는가. 아직도 꿈과 목표가 불확실하다면 이 책 읽기를 중단하고 무엇보다 먼저 꿈과 목표를 결정하라 말하고 싶다. 왜냐하면 공부를 하는 것은 바로 자신의 꿈과 목표를 좀 더 구체적으로 실현하는 가장 기본적인 방법이기 때문이다.

하지만 많은 학생들은 공부란 어쩔 수 없이 단지 해야만 하는 것으로 생각하는 경향이 있다. 이런 잘못된 생각은 공부에 대한 흥미를 주기보다는 노는 것에 더 관심을 갖게 하고, 결국 자신의 꿈과 목표에서 멀어지게 하는 요인이 된다는 점을 명심하기 바란다.

그렇다면 과연 공부란 무엇일까? 공부란 새로운 무엇인가를 배우는 것을 의미하며, 다른 말로 '학습'이라고도 한다. 보통 사람들은 초·중·고교와 대학교를 다니며 공부하는데, 사실 공부는 대학을 졸업하고 나서도 끊임없이 계속 해야 한다. 그렇다면 왜 우리는 이렇게 끊임없이 공부해야 할까? 이유는 너무나 간단하다.

"잘 먹고 잘 살기 위해서다."

너무 평범한 답이라서 깜짝 놀랐는가. 혹시 '앎의 즐거움' 같은 것을 기대했는가? 절대로 아니다. 모든 문제에 대한 답은 멀리 있지 않고 가까운 곳에 있다.

지금까지 공부 잘했던 사람을 주위에서 살펴보라. 그들은 대부분 잘 먹고 잘 살고 있을 것이다. 공부를 좀 더 멋지게 표현하면 '인생에서 성공할 확률을 높여주는 것이다' 라고 말하고 싶다.

공부란 '확률 게임'과도 같다. 공부를 잘하면 좋은 대학에 들어갈 확률이 높아지고, 좋은 대학을 졸업하면 좋은 직장에 취업할 확률이 높아지고 그만큼 높은 연봉을 받을 가능성이 커진다. 좋은 직장에서 높은 연봉을 받으면 좋은 배우자를 만나 좋은 가정을 꾸릴 수 있는 확률도 상대적으로 높아진다. 한마디로 말해, 공부를 잘하면 그만큼 인생에서 성공할 수 있는 확률이 높아진다.

공부를 하는 이유를

보다 더 한 차원 높게 말하면

'본인이 하고자 하는 꿈과 목표를

이룰 수 있기 때문' 이다.

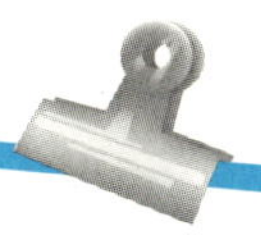

공부를 잘하기 위한 마음가짐

아직도 스스로 원하는 공부를 하기보다는 마지 못해 공부하고 있는 학생이 더 많다. 그러나 잘 살펴보면 마지못해 공부하는 것보다 스스로 능동적으로 공부하는 사람이 훨씬 더 공부를 잘한다.

그렇다면 어떻게 하면 스스로 능동적 학습을 하는 것이 가능한가. 다음 세 가지를 갖춰야 한다.

첫 번째는 동기 부여다.

나는 미국에서 한국 학생들과 미국 학생들에게 수학을 가르치면서 한 가지 큰 차이점을 발견하였다. 그것은 학습에 대한 자세다.

한국에서 교육을 받은 학생들은 선생님이나 책에서 원하는 것만 해결하려고 하지 그 이상의 열정은 없다. 반면, 미국 학생들은 본인이 모르는 것은 그것이 어렵든 쉽든 해결하고 넘어가려고 하며, 그 과정에서 다양한 토론을 한다. 이것이 능동적 학습을 하느냐, 수동적 학습을 하느냐의 차이이다.

이런 능동성은 학습하는 사람의 동기에서 생긴다. 즉, '왜 이 원리는 A라는 방법만 되고, B라는 방법으로 되지 않는지, 왜 내가 생각한 방법은 틀린 것인지'에 대한 자신의 뚜렷한 견해를 쌓으려고 하는 것이 바로, 남이 아닌 자신이 스스로 공부해야 하는 동기를 불러일으키는 힘이다.

'동기'란 행동을 유발하는 그 무엇을 의미한다. 즉, 행동을 시작하고, 일단 시작한 행동을 지속하게 만드는 심리 상태를 말한다. 인간의 모든 행동은 이 동기 때문에 시작되고 지속된다. 달리 말하면, '~을 하고 싶다'라는 의욕이 바로 동기라는 것이다.

동기 부여를 하려면 꿈과 목표가 뚜렷해야 한다. 꿈과 목표가 있으면 왜 공부를 하는지 이유가 있으므로, 공부를 하겠다는 동기를 스스로 자신에게 부여한다. 바꾸어 말하면, 이러한 동기 부여가 자신의 꿈과 목표를 이뤄나가기 위한 계획을 세우고 공부하게 한다.

꿈과 목표란 부모님이 원하는 삶을 사는 것도 아니고, 부모님을 대리 만족시켜주는 것도 아니다. 동기 부여를 하기 위해서는 무엇보다 10년, 20년, 그리고 더 먼 미래를 생각하며 자신이 스스로 무엇을, 어떻게 하고 싶은지에 대해 뚜렷하고 멋진 꿈과 목표를 세워야 한다. 뚜렷하고 멋진 꿈과 목표를 가진 사람은 항상 그것을 이루기 위해 엄청난 노력을 한다.

두 번째는 열정이다.

열정이란 사전적 의미로는 '불타는 열의 또는 관심' 이라고 정의되어 있다. 양초가 자기 몸을 태워 주위를 밝게 비추듯이, 우리도 열정을 태우면 삶을 보다 윤택하게 할 수 있다. 열정은 보다 적극적이고 진취적으로 살 수 있는 활력을 더해주고, 어렵고 힘든 일도 전화위복의 기회로 바꾸는 놀라운 힘을 가지고 있다.

세계 최고라는 하버드 대학교에는 매년 수천 명의 고등학교 수석 졸업생들이 지원한다. 그러나 아무리 고등학교를 수석으로 졸업하고 최고의 조건을 갖췄다고 할지라도 하버드 대학교에는 합격을 장담할 수 없다. 합격 여부를 성적으로 판가름하지 않기 때문이다. 합격의 열쇠는 바로 하버드 대학교를 가장 다양성을 갖춘 대학교로 만드는 데 도움을 줄 수 있는 재능 그리고 자신이 하고자 하는 일이나 목표에 대한 '열정' 이다.

위대한 열정은 미국 역사상 최초의 흑인 대통령이 된 버락 오바마에게서 엿볼 수 있다. 오바마가 미국 역사상 최초로 흑인 대통령이 된 것은 자신의 꿈과 목표를 위해 긴 세월 동안 노력하는 열정이 없었다면 불가능했을 것이다.

열정이 있다면 무슨 일이든 할 수 있다.

열정은 희망의 빵을 하늘 높이 부풀게 하는 이스트다.

열정은 우리의 희망이 실현되도록 만든다.

열정은 강렬한 눈빛이고, 힘찬 발걸음이며, 굳게 주먹 쥔 두 손이다.

또한 저항할 수 없는 의지이며, 생각을 실행에 옮기는 힘이다.

열정을 가진 사람은 전사와 같다.

그들은 불굴의 의지와 유지력이 있다.

모든 발전에는 그 바탕에 열정이 있다.

열정이 있는 곳에 성취가 있다.

열정이 없다면 변명만 있을 뿐이다.

미국 자동차 대부이자 포드 자동차 설립자인 헨리 포드가 열정에 대해 말한 내용이다. 여러분은 인생을 살며 계속 변명만 하고 싶은가. 그렇지 않다면 지금 당장 열정을 가지고 모든 일을 시작하라. 반드시 성취할 수 있을 것이다.

지금 당장 무엇을 하고 싶은지, 자신의 목표가 무엇인지 구체적으로 생각하라. 그리고 계획을 세우고 자신에게 동기를 부여하라. 그러면 열정이 솟구칠 것이다.

세 번째는 긍정적 사고이다.

긍정적 사고를 하는 것은 쉬워 보이지만, 굉장히 어려운 것이기도 하다. 어느 누군들 모든 상황을 긍정적으로 받아들이고 싶지 않겠는가. 비록 현실은 긍정적인 사고를 부정적으로 만들기도 하지만, 마음 자세에 따라 얼마든지 현실을 극복할 수 있다.

발명왕 에디슨이 어떻게 전구를 발명했는지에 관한 이야기는 긍정적 사고를 어떻게 할 수 있는지에 대한 좋은 예이다.

에디슨이 전구 속에 사용할 필라멘트로 적당한 물질을 찾기 위해 2,000번에 가까운 실험을 하고 있을 때였다. 어느 날, 에디슨이 전구를 발명한다는 사실을 안 신문 기자가 찾아와 이렇게 말했다.

"아니, 2,000번씩이나 실험하고도 아무 것도 발견하지 못했다니요. 그동안 헛수고하셨네요."

그러자 에디슨이 대답했다.

"헛수고라뇨? 천만에요. 나는 전구를 만들 수 없는 방법을 2,000가지나 발견해냈습니다."

발명왕 에디슨은 실험에서 2,000번이나 실패를 했지만, 자신이 했던 실험에 대해 절대 실패라고 생각하지 않았다. 오히려 수많은 실패를 통해 자신이 원하던 물질을 발견할 수 있는 확률이 높아졌다고 생각했다. 이런 긍정적 사고가 오늘날 우리에게 없어서는 안 될 전구를 발명할 수 있게 한 힘이다.

만약 여러분이 한 가지 일에 2,000번 정도 실패하고 있다면 그 상황을 어떻게 받아들이겠는가. 계속되는 실패가 성공할 수 있는 확률을 높이는 것이라고 에디슨처럼 생각하겠는가. 아마 2,000번이 아니라 20번도 되지 않아 부정적으로 생각하고 자신을 원망하며 포기하는 사람이 많을 것이다.

그러나 실패를 실패로만 받아들이지 않고 성공을 위한 밑거름으로 생각하는 긍정적인 사고를 가지고 있다면 결국 에디슨이 전구를 발명할 수 있었던 것처럼 원하는 일을 반드시 성취할 수 있을 것이다.

모든 일이 그렇겠지만, 공부라는 것은 특히 이런 긍정적 사고가 절대적으로 필요하다. 왜냐하면 자신이 공부한 것에 대한 평가가 짧은 시간 동안 시험을 통해서 이루어지고 결과가 곧 나오기 때문이다. 좋은 성적을 유지한다면 좋겠지만, 그렇지 않은 경우 시험에 대한 실패는 곧 열등감으로 이어질 수도 있다. 그렇기 때문에 항상 긍정적인 사고로 실패를 통해 본인이 더 성장할 수 있다 생각하고 노력하는 자세가 필요하다.

실패를 실패라 생각하지 마라. 항상 모든 일에 잘할 수 있다는 긍정적인 사고를 갖도록 하라.

의지와 확신은 가장 기본적인 마인드

무슨 일을 하든 가장 중요한 것은 의지와 확신이다. 2008년 베이징 올림픽에서 수영 8관왕의 영광을 안은 마이클 펠프스나 한국 고시 3관왕인 고승덕 변호사의 성공 이야기는 신화가 아니라 '의지'와 '확신'을 원동력으로 하여 포기하지 않는 노력의 결과임을 알아야 한다. 확실한 목표와 구체적인 계획을 세우고 노력한다면 자신의 뜻을 이룰 수 있다. 아무리 최상위권을 보장한다는 완벽주의, 1등주의 공부 비법이 있어도 '하겠다'라는 의지와 실천이 따르지 않으면 아무 소용이 없다.

대부분 학생들은 의지력이 약해 공부하려는 결심도 잘하지 못한 채 의지력을 어떻게 하면 키울 수 있는지 고민한다. 의지력이 약해 공부를 못한다는 것은 어디까지나 핑계일 뿐이며, 자신을 합리화하는 것밖에 되지 않는다. 기본적으로 타고난 의지력은 조금씩 차이가 있을지 모르겠지만, 노력하면 충분히 키울 수 있고, 본인의 마음가짐과 이를 어떻게 생각하는지에 달려 있다.

예를 들어, A라는 학생이 게임에 중독되어 매일같이 공부는 하지 않고 종일 게임만 하고 있다고 하자. 이 학생의 경우 의지력이 약해서 게임을 끊지 못하고 공부도 못하는 것일까? 의지력에 대한 사전적 의미는 '어떠한 일을 이루고자 하는 마음을 꿋꿋하게 지켜 나가는 힘'이라고 정의되어 있다.

A 학생은 공부에 대한 의지력은 매우 약하지만, 게임에 대한 의지력은 매우 강하다고 말할 수 있다. 자기가 선택한 게임을 절대로 포기하지 않겠다고 결심한 이후 게임 중독으로 표현될 만큼 강한 의지력이 생겼기 때문이다. 중독이 된 이상 어느 누구도 A 학생의 의지를 쉽게 바꿀 수 없을 것이다.

이런 학생에게 공부를 해야 한다고 수없이 말을 하면 과연 귀를 기울이겠는가? 처음에는 부모님이나 선생님의 성화에 못 이겨 따르겠지만, 결국 자신이 원하는 것이 아니라는 사실을 깨닫고 자신의 의지력을 발휘해서 게임을 끊지 않기로 결심할 것이다. A 학생과 같은 경우 게임이 가져다 주는 문제점보다 좋은 점만을 나름대로 더 크게 인식하여 게임을 계속하려는 의지력을 발동시키고 지속적으로 게임을 하게 된다.

이러한 의지력의 문제를 해결하기 위해서는 무엇보다

자신이 믿는 바에 대한 생각이 변화되어야 하고 이에 따른 감정이 수반되어야 한다. 올바른 지식과 감정의 순화가 있어야 비로소 자신의 의지력을 어디에 사용해야 합당한지 판단할 수 있다.

이를 종합해 보면, 어느 누구나 의지력은 다 가지고 있지만 그것을 어디에 얼마만큼을 쓰느냐에 따라 결국 공부를 잘하는지 못하는지 차이가 난다.

의지력은 타고 나는 것이 아니다. 얼마든지 자의적으로 높일 수 있다. 그러므로 자신이 가지고 있는 의지력을 어디에 쏟아 부어야 할지를 결단하라.

프랑스의 대표적 근대 철학자인 데카르트는 말했다.

"나는 생각한다. 고로, 나는 존재한다(I think. therefore I am)."

나는 이 말을 조금 바꿔 말하고 싶다.

"나는 꿈이 있다. 고로, 나는 할 수 있다(I have a dream. therefore I can)."

꿈과 목표가 있는가.

꿈과 목표가 있다면 '할 수 있다' 는 의지력을 길러야 한다.

공부를 해야 하는 이유를 알고 자신에게 동기 부여를 했다면 우등생이 되는 것이 어렵지만은 않을 것이다. 연구에 의하면 성적을 향상하는 가장 좋은 방법은 스스로 이해하는 능동적인 학습 태도이다. 무엇보다 우등생이 되고자 한다면 학습 태도를 바꾸어야 한다.

슬럼프는 어떻게 극복해야 하나요?

왜 슬럼프를 겪고 있는지 정확히 파악하고 여러 가지 대책을 세워 하루 빨리 벗어나야 한다. 이를 위해서는 정신적으로나 육체적으로 휴식이 가장 필요하다. 하루쯤은 자기가 좋아하는 일을 해 보라. 음악을 듣거나 영화를 보거나, 야외로 나가 심신을 이완시키는 것도 좋다. 내 경우에는 종일 잠을 잔다. 슬럼프를 극복한 다른 사람의 이야기나 조언을 들으며 자신의 문제를 풀어나가는 것 또한 좋은 방법이다.

계획대로 공부가 안 될 때는 어떻게 해야 하나요?

긍정적인 사고방식을 가져라. 해야 할 공부가 너무 많다고 걱정하다 보면 공부도 못하고 결국 슬럼프에 빠지게 된다. 계획을 다 이루지 못하더라도 '이럴 때도 있고 저럴 때도 있다' 고 생각하면 슬럼프에 빠지지 않는다. 매번 계획을 실천하지 않으면 안 되지만, 실천하지 못한 계획에 대해 걱정하는 것보다 다음부터 더 잘할 수 있도록 반성하는 것이 중요하다.

무리하게 계획을 실천하는 것보다 실천하지 않는 것이 더 나은 경우도 있다. 계획을 실천할 수 없는 문제가 있다면 분석 후 남은 계획의 우선순위를 결정하고 다시 실행하라.

3

우등생 십계명

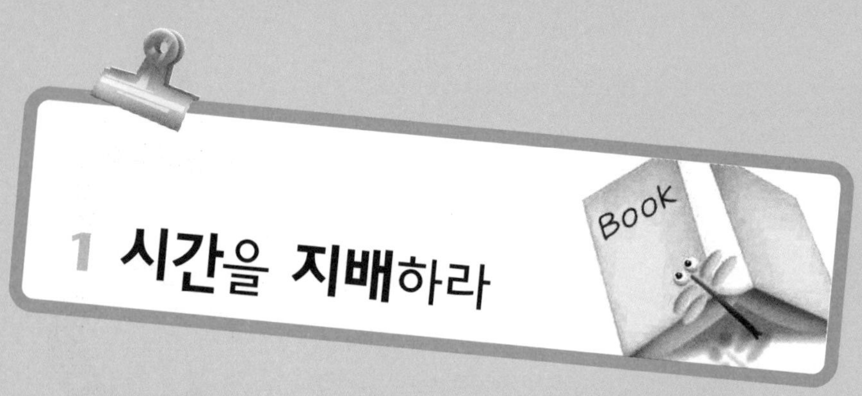

'시간을 지배하라'는 말은 하버드 대학교의 교육학 교수인 리처드 라이트가 하버드 대학교에 다니는 수재 1,600명에게 공부 비법을 물어본 결과 얻은 답변 중 하나이다. 이로 보건대, 많은 수재들은 시간을 지배하고 있다.

이 글을 읽고 있는 자신은 하루 시간을 어떻게 이용하고 있는지 생각해 보라. 아마 많은 학생들이 하루하루 시간에 쫓기며 생활하고 있을 것이다. 같은 수업을 듣고 같은 양의 숙제를 해야 하는데도, 어떤 학생은 숙제와 할 일이 너무 많다며 불평, 불만을 늘어놓는가 하면, 어떤 학생은 숙제도 많고 할 일도 많지만 항상 여유롭게 생각하며 모든 것들을 정해진 시간 안에 다 끝내고도 다른 일을 다 해낸다. 이 두 부류의 학생을 보면, 대체로 전자는 공부를 못하는 열등생이고, 후자는 공부를 잘하는 우등생이다. 이렇게 주어진 시간은 똑같지만, 그것을 어떻게 쓰고 지배하느냐에 따라 열등생과 우등생이 결정된다.

내가 미국에서 대학을 다닐 때, 친구들은 나에게 어떻게 그 많은 일을 해내느냐고 묻곤 했다. 나는 대학을 다니는 동안 학비와 생계비를 벌기 위해 미국 중·고등학생 15명 정도에게 수학 과외를 했고, 대학을 빨리 졸업하기 위해 매학기 20학점씩 전공 과목만 신청해 수업을 들었다. 발명을 한답시고 대학교 3학년 때는 스피커 일체형 이어폰을 개발해 특허를 획득했고, 그 이후 2건의 특허를 더 출원했다. 이 중 한 건은 혼자 힘으로 번 돈 2만 달러를 쏟아부어 대학교 4학년 때 친구들과 사업을 하기도 했다. 그리고 20대에 책을 출간하는 것이 목표 중 하나였는데, 첫 번째 책을 쓰는 것을 시작으로 하여 대학을 졸업하기 전까지 5권의 책을 썼고, 그 중 2권을 실제로 출간했다. 뿐만 아니라 학교 장학생 명단에도 이름을 올렸다.

나를 다른 학생들과 비교했을 때 분명 다른 점이 있다면 시간을 지배한 것이다. 비록 하루에 서너 시간밖에 공부하지 않았지만, 난 어떻게 시간을 지배하는지 알고 있었기 때문에 남들보다 짧은 시간에 많은 일을 할 수 있었다.

시간을 어떻게 지배하느냐에 따라 한 시간이 10분이 될 수 있고, 10시간이 될 수도 있다. 아무쪼록 이 글을 읽는 학생들은 본인의 하루 생활을 반성해 보고, 앞으로 시간을 지배하는 우등생이 되기 바란다.

1 자투리 시간에 암기하라

틈틈이 남는 시간을 가장 잘 활용할 수 있는 방법 중 하나는 평소 외워야할 것들을 암기하는 것이다. 주로 국어나 영어와 관련한 고사성어, 속담, 어휘 및 단어 등을 따로 정리해서 외워도 좋고, 요즘 시중에 나오는 정리가 잘 된 포켓북을 수시로 읽어 보고 외우는 것도 괜찮은 방법이다.

나는 가장 암기가 잘되는 때가 아침 자습 시간이었다. 그때 국어와 영어에 관련한 것들을 암기했는데, 어느 시간보다 머리에 쏙쏙 잘 들어왔다. 그 시간에 깊이 생각해야 하는 수학이나 과학 공부는 부담도 크고 공부한 만큼 큰 효과를 얻을 수 없었지만, 암기를 했더니 공부하는 데도 큰 부담이 없고 짧은 시간 가장 큰 효과를 얻을 수 있었다.

2 자투리 시간 전용 문제집을 선택해 풀어라

자투리 시간에 무엇을 할까 고민하면서 우왕좌왕 하다 보면 결국 아무것도 하지 못하고 시간을 낭비하는 일이 일어난다. 그렇기 때문에 자투리 시간에만 풀 수 있는 전용 문제집을 선택해 시간을 활용하는 것도 좋은 방법이다.

내 경우 수학 문제집을 한두 문제씩 끊어 풀거나, 수학 오답 노트를 이용해 평소 잘 틀렸던 문제를 다시 한 번 생각하며 시간을 보냈다. 그러다 보니 비록 10분이라는 짧은 시간인데도 3~4문제를 풀 수 있었고, 짧은 시간에 더 많은 문제를 풀려고 긴장하며 집중해서인지 문제가 더 잘 풀리기도 했다. 뿐만 아니라 수학 오답 노트를 반복적으로 봄으로써 어떤 실수를 많이 하는지 알게 되었고, 복잡하고 많은 공식 또한 어렵지 않게 암기할 수 있었다.

3 현대 문명의 기술인 디지털 기기를 적극 활용하라

요즘은 MP3, PMP, 휴대폰 등에 문서나 동영상 강의를 쉽게 인터넷으로 다운받아 저장할 수 있다. 이런 디지털 기기를 활용하면 등·하교 길이나 잠이 올 때, 장소나 시간에 구애받지 않고 얼마든지 공부할 수 있다. 책이나 문제집보다 휴대하기 좋기 때문에 버스나 지하철에서도 영어 듣기나 인터넷 강의를 시청하며 편하게 공부할 수 있다. 평소 듣고 싶었던 노래를 듣거나 영화를 보면서 스트레스를 풀 수도 있다.
이처럼 디지털 기기를 활용한다면 자투리 시간을 잘 이용할 수 있을 뿐만 아니라, 공부와 스트레스 해소라는 두 가지 효과를 동시에 얻을 수 있다.

| 주의 | 자투리 시간을 활용할 수 있는 방법들은 여러 가지가 있기 때문에 본인에게 가장 좋은 것을 찾아 공부하기 바란다.
자투리 시간 공부법을 활용하면 잠자는 시간을 무리하게 줄이지 않아도 된다는 장점이 있다. 하지만 자투리 시간은 어디까지나 10~30분 정도로 짧고, 공부를 끊어서 해야 하는 '쪼개진' 시간임을 명심해야 한다. 그렇기 때문에 3~4시간 동안 공부하는 방법과는 분명 차별화해야 한다.

2 계획은 SMART 하게 세워라

계획은 구체적(Specific)으로 세워야 한다

구체적인 계획을 세우기 위해서는 무엇보다 꿈과 목표를 명확히 하고 무엇부터 해야 하는지 생각한 후 세부적인 실천 사항을 정해야 한다.

연간 계획을 세우고, 월말 계획, 주간 계획 그리고 일일 계획을 작성하는 것이 좋다. 특히 일일 계획을 세울 때는 30분 단위로 무엇을 해야 할지 정확히 쓰도록 한다.

계획은 측정할 수 있게(Measurable) 세워야 한다

　　계획은 구체적으로 세우되 얼마만큼 잘 실천하고 있는 지 측정 가능해야 한다. 크게는 월말 단위로 측정해서 계획 수행에 대한 평가를 해야 한다. 가장 좋은 방법은 매일 하루를 마감할 때 자신이 세운 계획과 그날 실천한 항목들을 비교한 후 평가하는 것이다. 이때 실천이 저조하면 반드시 반성의 시간을 갖도록 한다.

계획은 실천할 수 있게(Action-Oriented) 세워야 한다

　　아무리 좋은 계획이라도 실천 불가능하다면 그림의 떡과 같다. 계획은 어디까지나 자신의 능력에 맞게 실천할 수 있는 범위 내에서 수립해야 하며, 행동 지향적이어야 한다. 실천할 수 없는 계획은 없는 것이나 마찬가지다. 얼마만큼 실력 향상이 되느냐는 자신이 세운 계획을 얼마만큼 잘 실천하느냐에 따라 결정된다는 점을 명심하라.

계획은 현실적으로(Realistic) 세워야 한다

계획을 세우다 보면 현실을 직시하기보다는 자신이 생각하는 이상에만 치우치는 경우가 많다. 예를 들면, 잠을 2시간 자면서 하루에 15시간씩 공부한다는 계획을 세울 수도 있는데, 이것은 사실 현실적으로 불가능하다. 계획은 항상 실현 가능성을 기반으로 자신이 처한 상황을 꼼꼼하게 체크한 후 현실에 맞게 세우도록 한다.

계획은 구체적인 시간이 정해지도록 (Time-Based) 세워야 한다

계획을 가장 잘 실천하기 위한 방법 중 하나는 구체적인 시간을 정하는 것이다. 예를 들어, '수학 문제집 1권 끝내기'라고 막연히 계획을 세울 경우 금방 나태하게 된다. 계획은 실천했다고 하더라도 정한 시간에 달성하지 못하면 그 가치를 인정받을 수 없다.

그래서 계획을 세울 때는 반드시 한계 시간을 설정하도록 한다. 시간 설정은 계획 실행에 대한 추진력을 높여 준다.

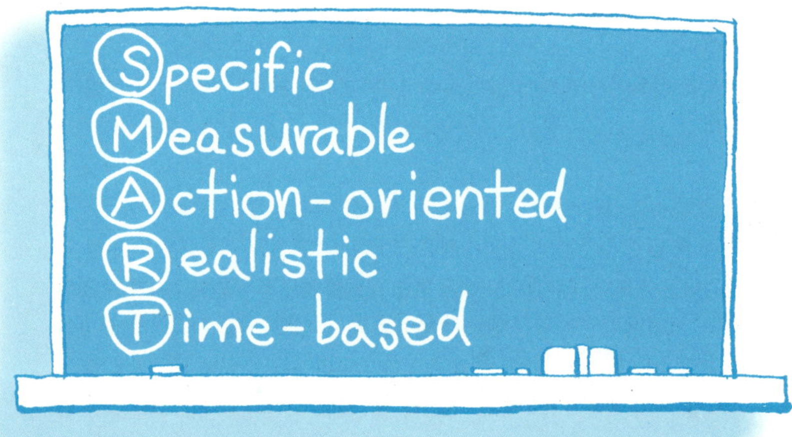

Specific
Measurable
Action-oriented
Realistic
Time-based

자신을 냉철하게 판단하라

공부 계획을 세울 때는 공부해야 할 과목이 무엇이며, 구체적으로 무슨 내용인지, 그리고 자신이 공부할 수 있는 양은 어느 정도인지를 무엇보다 먼저 파악해야 한다. 이를 위해서는 자신을 냉철하게 판단할 수 있어야 한다.

결코 남들과 똑같은 계획을 세워서는 안 된다. 사람마다 학습 능력이 다르기 때문에 공부를 잘하는 학생의 계획을 무작정 따라 하다가는 오히려 역효과가 난다.

자신을 정확히 판단해서 실천할 수 있는 계획을 세우는 것이 가장 바람직하다.

메모하는 습관을 만들라

일과 중 남는 자투리 시간들이 생길 것이다. 이때 일일 계획표를 다시 한 번 점검하면서 보다 구체적으로 해야 하는 것들을 간단히 수첩에 적어두는 것이 좋다. 그러면 자신이 공부해야 할 분량을 알 수 있고, 이를 하나씩 끝낼 때마다 만족감을 느끼는 재미도 있을 것이다. 아니면 포스트잇에 공부해야 할 목록들을 써서 책상에 붙여놓은 다음 하나씩 끝날 때마다 떼내는 것도 좋은 방법이다.

오늘 할 일을 내일로 미루지 마라

많은 학생들이 '오늘'이라는 단어보다 '내일'이라는 단어를 좋아한다. 하지만 이런 학생들은 내일이 모레가 되고, 그 모레가 일주일이 되고, 일주일이 일 년이 된다. 한 번 미루기 시작하면 시간이 지날수록 하기가 힘들어진다. 계획을 세웠다면 내일이라는 말로 미루기보다 지금 당장 실천하도록 하라.

절대로 미루지 마라. 한 번 미루기 시작한 계획은 결국 지킬 수 없게 된다.

모든 일에 우선순위를 정하라

계획을 잘 세우는 것도 중요하지만 더 중요한 것은 계획을 세운 즉시 실천하는 것이다. 계획을 잘 실천하기 위해서는 '우선순위' 라는 것을 반드시 정해야 한다.

우선순위를 정하는 법칙은 '중요한 것부터 먼저 하는 것이다. 모든 일에는 먼저 해야 하는 것이 있다. 우선순위를 정해 무엇을 먼저 해야 하는지 알고 실천하면 목표를 달성하기가 한결 수월해진다. 설령 계획을 100% 실천하지 못하더라도 만족감을 얻을 수 있고, 시간을 효율적으로 이용할 수 있다.

3 자신만의 뚜렷한 목표를 세워라

계획을 잘 세우기 위해서는 자신만의 뚜렷한 목표를 갖는 것이 중요하다. 이런 목표 의식은 좋은 계획을 세우는 밑바탕이 되고 인생의 나침반 역할을 한다. 목표가 있는 사람은 공부를 해야겠다는 동기를 얻고 이를 성취하고자 노력하게 된다. 목표는 집중력을 향상시키며 열정을 만들어 준다.

목표가 뚜렷할수록 더 깊이 집중할 수 있다. 미국의 예일대학에서 졸업생을 대상으로 장래 목표를 조사했다. 이때 구체적인 목표를 가진 학생 수는 전체의 3%에 지나지 않았다. 20년이란 세월이 흐른 후 그 졸업생들이 살아가는 형편을 알아보니, 조사 당시 구체적인 목표가 있었던 3%의 졸업생 연봉 합계가 나머지 97%의 졸업생 연봉과 맞먹었다. 얼마나 놀라운 사실인가?

'돌을 던져 나무를 넘기고자 한다면 하늘을 향해 던지

라.'는 말이 있다. 목표를 자신이 생각하는 것보다 조금 더 높게 설정하라는 말이다.

목표가 낮은 사람은 발전이 없다. 항상 하는 일과 공부에 제자리걸음을 하며 '금방 달성할 수 있겠구나' 라는 자기 합리화에 빠진다. 이런 합리화는 나태하게 만들고 발전을 방해한다.

반면, 달성하기가 조금은 어렵다고 생각되는 정도로 목표를 높이 잡으면 그 자체가 성취하고자 이끄는 원동력이 되며, 발전으로 이어진다. 목표를 이뤘을 때의 성취감은 잘할 수 있다는 보이지 않는 자신감을 심어 준다.

하지만 지나치게 높은 목표는 피하는 것이 좋다. 목표란 성취하는 기쁨을 맛보기 위해 세우는 것이지, 좌절을 느끼기 위해 정하는 것이 아니다. 너무 높은 목표는 쉽게 포기하게 만들고 실망감을 줄 수 있다. 이런 실망감은 자신감 상실과 학습 부진으로 이어져 슬럼프라는 연쇄 작용을 일으킨다. 그렇기 때문에 자기 능력보다 조금 더 높은 목표를 정하여 성취감을 얻도록 해야 한다. 목표를 충분히 이뤘을 때는 좀 더 높은 목표로 상향 수정하는 자세가 필요하다.

목표를 이루지 못했다면 '왜 실패했는가' 에 대한 연구와 분석을 해야 한다. 그것으로 좋은 방법 중 하나는 계획 옆에 왜 실천할 수 없었는지를 간략하게 적어 놓는 것이다. 이런 이유들이 계속해서 반복된다면 과감하게 계획을 수정해야 한다. 이렇게 연구와 분석을 하면 목표를 보다 정확히 재설정할 수 있고 자신감을 얻을 수 있다.

시행착오는 어느 누구나 한다. 하지만 우등생이라면 처음 한두 번 겪었던 시행착오를 통해 완벽하게 실천할 수 있는 계획을 세운다는 점을 명심하라.

목표는 삶의 원동력이요, 인생의 나침반이다. 그리고 목표 달성을 위해 가장 중요한 것은 확신이다. 무엇보다도 목표에 대한 확신 즉 자신감을 가져라.

목표는 인생의 나침반이다

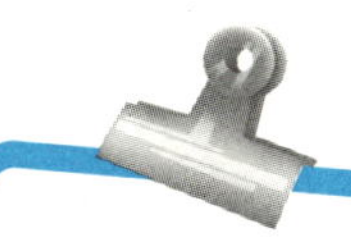

4 자기 경영을 하라

자기를 경영하란 말을 다르게 표현하면, '자신을 관리하라', '자신을 조절하라' 는 의미이다. '자기 경영' 을 한다는 것은 행동으로 실천하기에 엄청나게 힘든 일이다. 우리는 사람이기에 일을 하다 보면 편하고 쉬운 것만 찾는 경향이 있다. 힘든 일은 피하게 되고 점점 게을러지기 십상이다. 그러나 한번 게을러지기는 쉬워도 다시 부지런해지는 것은 몇 배의 노력과 의지가 있어야 가능하다.

공부를 하다 보면 잠, 영화, 게임, 술, 담배 등 수많은 유혹을 받게 된다. 내 경우도 재수, 삼수를 하면서 온갖 유혹에 시달리며 공부했다. 처음 학원에 갔을 때는 여학생들이 많아서 용모에 적지 않은 신경이 쓰였고, 학원이 시내에 가까이 있어서 놀러도 자주 나갔다. 대학생 친구들이 공부하는 나를 격려한다고 저녁마다 보내오는 핸드폰 문자 메시지는 공부하고자 하는 나를 유혹하고 또 유혹했다.

결론부터 말하면 이런 유혹에 빠진 학생은 절대 공부를 잘할 수 없다. 누군들 공부하기보다 친구들과 만나 놀고 싶지 않겠는가.

수많은 유혹을 이겨낼 수 있을 때 비로소 자신을 경영할 수 있는 우등생이 될 수 있다. 지금 당장 어려운 수학 문제를 풀기보다는 재밌는 게임이 하고 싶은가? 만약 자신을 조절하지 못하고 게임을 하거나 친구와 노는 것을 선택한다면 원하는 대학은 점점 멀어진다는 것을 명심해야 한다. 하지만 이런 유혹에서 벗어나서 자신을 조절하며 공부에 매진한다면 지금 못하는 것 이상을 대학 입학 후 충분히 보상받을 수 있다.

어떤 학생은 '잠을 충분히 자고도 학교에서 조는 자기 자신이 싫다.'고 말한다. 자신과의 싸움에서 지고 있다는 증거다.

우등생이라고 해서 잠이 오지 않는 것이 아니다. 단지 자신과의 싸움에서 이길 수 있는 강인한 정신력으로 졸음을 이겨 나가는 것이 다를 뿐이다. 그들은 강인한 정신력으로 자신을 조절하며 계획에 따라 정해진 시간에 공부한다.

어느 누구나 처한 상황이 같다면 자신을 잘 조절하는 사람이 마지막에 웃을 수 있는 승자가 된다. 자신과의 싸움에서 이기는 학생은 원하는 대학에 합격할 것이고, 자신과의 싸움에서 지는 학생은 원하는 대학에 합격하지 못할 것이다.

2008년 베이징 올림픽 8관왕 주인공인 마이클 펠프스는 먹고 자는 것 외에는 수영만 했다고 한다. 올림픽 금메달 8관왕이라면 뭔가 대단한 말을 할 거라 기대했는데, 의외로 굉장히 간단하고 쉬운 방법을 이야기했다. 이렇게 먹고, 자고 수영하는 쉬운 일이라면 어느 누가 하지 못하겠는가.

핵심은 먹고 자고 수영하는 것은 어느 누구나 다 할 수 있지만, 마이클 펠프스처럼 이렇게 간단한 일을 하루도 빠지지 않고 2년이란 긴 시간 동안 자신과 싸워가며 꾸준히 실천하기는 어렵다는 것이다. 자기 자신을 경영하며, 목표한 바를 이루기 위해 꾸준히 계획에 따라 실천하는 작지만 큰 차이가 바로 올림픽 역사상 어느 누구도 달성하지 못한 대기록을 세울 수 있게 한 것이다.

공부도 마찬가지다. 누구나 먹고 자고 공부만 한다면 분명 최우등생이 될 수 있다고 확신한다. 하지만 얼마나 많은 학생들이 과연 이렇게 간단한 일을 짧게는 1년, 길게는 3년 동안 매일 규칙적으로 할 수 있을지 의문이다. 이는 어떻게 보면 스님들이 득도를 하기 위해 자기 경영을 하며 꾸준히 명상하고 참선하는 힘든 고행과 같다고 말하고 싶다.

같은 시간에 일어나 같은 계획에 따라 매일같이 다람

쥐 쳇바퀴 도는 듯한 생활을 1년 동안 한다고 생각해 보라. 10일 내내 날밤을 새며 공부하는 것보다 더 힘든 노력과 강인한 정신력이 필요할 것이다.

같은 일을 단기간에 하기는 어렵지 않다. 하지만 적어도 대한민국 입시생이라면 짧게는 1년, 길게는 3년이라는 시간 동안 자신을 이기며 대학 입시라는 적과 싸워야 한다. 적과 싸워 이기기 위해서는 규칙적인 생활로 컨디션을 최상으로 만들어야 하며, 이를 위해 자신을 조절할 수 있어야 한다.

공부를 하다 보면 이해하고 암기하는 데 어느 정도 기본 시간이 걸린다. 이 기본 시간이란 사람마다 다르겠지만, 최소 1시간이라 생각한다. 다시 말해 공부한 것을 이해하고, 기억해서 문제까지 풀 수 있는 실력을 갖추는 데 걸리는 시간을 뜻한다.

그런데 혹자는 한 과목을 20~30분 간격으로 공부하라고 조언하다. 물론, 배운 내용을 완벽히 이해하고 기억을 되살리는 차원에서 공부하면 모를까, 배웠던 내용이라 할지라도 이해가 되지 않는 상황에서 공부한다면 20~30분이란 시간은 전혀 현실성이 없다.

짧은 시간 집중해서 공부하는 것은 한계가 있다. 공부에는 연속성이라는 성질이 있으므로, 적당한 시간 동안 한 과목에 대해 생각하고 공부할 때 비로소 이해가 되고 암기가 된다. 20~30분은 이해하고 암기하는 데는 턱없이 부족할 뿐만 아니라, 공부의 연속성을 유지할 수 없는 시간이다. 적정 시간을 투자하지 않으면 이해하는 것에 기반을 두지 않은 암기식 공부법으로 전락할 수 있음을 명심하라.

어려운 과목을 공부하다 보면 적은 분량인데도 이해하는 데 상당한 시간이 종종 걸린다. 물론, 저학년일수록 짧은 시간에 여러 과목을 번갈아 가며 공부하는 것이 효과적일 수 있지만, 고학년일수록 학습 난이도가 높아짐에 따라 공부하는 시간이 비례해야 한다. 그래서 한 과목을 공부할 때 적어도 한 시간 이상을 투자해야 큰 효과를 얻을 수 있다.

최소한 한 과목을 공부하는 데 1시간을 투자하고, 더 많이 공부하고자 한다면 3시간 정도가 적당하고, 가장 좋은 것은 본인이 집중할 수 있을 때까지 공부하라고 말하고 싶다(이에 관해서는 제6장에 나오는 '노력의 결과 함수' 부분에서 자세히 설명하겠다). 이는 내 경험상 계획을 세워 정해진 목표량을 공부하고 이를 점검하고 정리하는 데 걸리는 시간이다.

반면, 한 과목을 너무 오래 붙잡고 공부하라고 말하고 싶지는 않다. 지루함 때문이다. 한 과목을 오랫동안 공부하다 보면 자신도 모르게 지루함을 느끼게 되고 공부에 대한 감각이 무덤덤해져버린다. 이 때문에 공부를 하고 있어도 무엇을 공부하고 있는지 모른 채 결국 책상에만 앉아

있는 현상이 벌어진다. 그러므로 공부가 지루하거나 집중
이 잘되지 않을 때는 다른 과목으로 바꿔 공부하는 것이
좋다. 잠깐의 휴식이나 토막잠은 공부하는 데서 오는 지루
함을 없애주는 청량제 역할을 한다.

6 그룹 스터디를 하라

이 방법은 내가 미국에서 공부하면서 미국 학생들에게 배운 방법이다. 많은 미국 학생들은 스터디 그룹을 자주 만들어 공부한다. 나는 지금까지 혼자 공부를 해왔기 때문에 쉽게 적응하기 힘든 방법이었다.

그룹 스터디를 하기 전에는 모르는 것이 있으면 혼자 끙끙대며 해결하기 위해 많은 시간과 노력을 낭비해야 경우가 많았다. 하지만 그룹 스터디를 하고 나서 내가 얼마나 어리석은 짓을 했으며, 시간과 노력을 낭비했는지 깨닫게 되었다.

물론 기본적으로 공부라는 것은 혼자 하는 것이다. 스스로 이해하고 암기해 나가며 문제를 풀어야 한다. 하지만 공부에는 과정이라는 단계가 있다. 이 단계에서 그룹 스터디는 많은 도움을 줄 수 있다. 그러므로 그룹 스터디의 단점은 버리고 장점만을 잘 이용하여 공부에 도움을 받도록 하라.

그룹 스터디의 단점은 공부라는 목적보다 만남이라는 부가적인 것에 초점이 맞춰질 수 있다는 것이다. 설령 스터디 그룹을 만들었다고 할지라도 공부보다 만남에 더 큰 의의를 두고 어울려 논다면 시간 낭비밖에 되지 않는다.

앞서 말했듯이 공부는 기본적으로 혼자 하는 것이지만, 늘 혼자 하다 보면 쉽게 작심삼일이 되고 만다. 반복되는 일상 속에서 슬럼프에 빠졌을 때 스스로 이를 극복하지 못하면 헛된 시간을 보낼 수도 있다.

그룹 스터디의 장점은 혼자 공부하면서 느끼는 외로움을 해소하고, 풀리지 않은 문제를 공유해서 해결할 수 있다는 것이다. 그룹 스터디를 하면 자신이 미처 깨닫지 못하거나 알지 못한 이론을 이해하고 응용하는 데 도움을 받을 수 있다. 자신이 모르는 문제는 다른 사람에게 배울 수 있고, 남이 모르는 문제는 가르쳐 주면서 다시 한 번 이해를 하게 되어 실력이 향상된다. 뚜렷한 목표를 가진 친구들을 만난다면 경쟁 심리가 자극되기도 한다.

실력이 비슷하고 목표가 같은 학생들끼리 만나 상호 시너지를 낼 수 있는 과제를 달성하는 것이 그룹 스터디의 효과를 극대화할 수 있는 비결이다.

그룹 스터디를 하면 친구들에게 자신이 맡은 부분을 책임져야 하는 약속이 전제되어 있으므로, 자신에게 할당된 내용을 더욱 이해하려고 노력하고 꼭 끝내야 한다는 각

오를 하게 된다. 그러다 보니 자연스레 계획성 있게 공부를 할 수 있게 된다.

그룹 스터디의 가장 좋은 점은 협동심을 잘 발휘하면 짧은 시간에 많은 양을 공부할 수 있다는 것이다. 이를 분배 학습법이라 한다.

분배 학습법은 말 그대로 분량을 분배해서 공부하는 것이다. 즉, 500페이지 책 한 권을 공부해야 한다면 그룹 스터디를 만들어 인원에 따라 공부할 양을 나누는 것이다. 이렇게 공부하면 짧은 시간에 많은 양을 소화낼 수 있다. 결국 그룹 스터디를 만드는 것도 자신의 공부에 도움을 받기 위해서라는 것을 명심하라.

7 적당한 수면을 하라

미국 캘리포니아 대학 연구팀에 의하면 잠을 못 잔 몽롱한 상태에서 10시간 공부하는 것은 잠을 충분히 자고 1시간 공부한 것과 같다고 한다. 아직도 많은 학생들이 잠을 자지 않고 공부해야 많은 양을 공부했다는 만족감을 얻고 있다. 그러나 이는 분명코 절대적으로 잘못된 생각이다. 처음 얼마 동안은 남보다 많은 양을 공부했다는 만족감을 얻을 수 있겠지만, 이는 오래 지속되지 못하며, 오히려 자신에게 육체적·정신적으로 많은 고통을 준다는 것을 알아야 한다. 특히 장기전을 하는 고등학생들이 잠을 적게 자는 것은 결코 바람직한 일이 아니다.

적당한 수면이 필요하다는 것은 일본 동경대 연구팀의 발표에서도 알 수 있다. 10만여 명을 대상으로 10년간 조사한 결과 하루 평균 7시간 잠자는 사람의 사망률이 가장 낮은 것으로 나타났다. 또한 미국 펜실베니아 대학교의 연구에서는 하루 수면 시간이 평균 4~5시간인 사람은 기억력과 사고력이 떨어졌지만, 7시간 자는 사람은 가장 좋게 나타났다고 한다.

최근 사람과 쥐를 대상으로 한 연구에서도 잠을 충분히 자는 것이 기억력을 강화시킨다는 사실이 추가로 확인됐다. 쥐는 좋은 환경에 있을 때 뇌의 기억중추인 해마가 활성화되고, 좋은 상태에서 바로 잠이 들면 해마의 활동도 증가되는 것으로 나타났다. 또 잠을 7시간 정도 충분히 자고 기억력 테스트를 받은 학생들과 잠을 자지 않고 테스트를 받은 학생들의 성적을 비교한 결과, 잠을 충분히 잔 학생들의 성적이 잠을 못잔 학생들에 비해 평균 30% 이상 좋다는 실험 결과도 나왔다. 결론은 머리를 많이 쓰는 학생들은 적당한 수면이 절대적으로 필요하다는 것이다.

정해진 시간에 많은 것을 하는 나를 보고 많은 사람들이 자주 하는 질문은 '하루에 몇 시간 자느냐'는 것이다. 아마 다들 내가 2~3시간만 잘 것이라고 생각하나 본데, 고등학교 때 잠에 관해 기억하고 싶지 않은 경험이 있기에 무슨 일이 있어도 잠만큼은 적어도 6시간을 잔다.

하지만 깨어 있는 시간만큼은 어느 누구보다도 더 열심히 집중하고 시간을 지배하며 생활하기 때문에 많은 일을 하는 것이 가능하다. 적당한 잠은 집중력을 극대화시키고 효과적으로 공부를 하는 데 도움을 주므로, 반드시 적당 시간 자되 숙면을 하라.

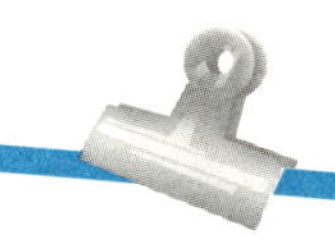

8 놀 때 놀고 공부할 때 공부하라

공부하는 유형을 보면 남들이 놀 때 놀고 그것도 부족해 남들이 공부할 때도 노는 학생이 있는가 하면, 남들이 놀 때 공부하고 남들이 공부할 때도 공부하는 학생이 있다. 나에게 어느 누가 더 현명하냐고 묻는다면 둘 다 어리석다고 말하고 싶다.

나는 사실 후자에 속하는 학생이었다. 고등학교 시절 남들보다 더 많이 공부해야 한다는 부담감 때문에 졸면서도 쉬는 시간에 영어 단어를 외웠으며, 심지어 체육 시간까지 책을 가지고 나가 공부했다. 집에 와서도 많은 숙제와 공부 때문에 잠을 줄이면서 공부했다. 하지만 이런 행동은 결국 왕따가 되게 했고 성적이 오히려 떨어지는 불행을 가져왔다.

주위에 공부 잘하는 학생을 관찰해 보라. 이들이 하는 행동을 살펴보면 놀 때는 놀고 공부할 때는 공부한다. 난 처음에 이런 학생들을 관찰하면서 놀기는 하지만 머릿속에는 공부로 가득 차 있을 것이라는 어리석은 생각을 했다. 하지만 이런 학생들은 놀 때만큼은 절대 공부에 대해 생각하지 않는다. 오히려 공부를 못하는 학생들이 놀면서도 공부 때문에 스트레스를 받곤 한다. 그래서 생겨난 말이 '잘 놀아야 공부도 잘한다.' 는 것이다.

잘 노는 것과 공부를 잘하는 것에 차이가 있다면 자신이 하는 일에 어떤 마음을 갖느냐는 것이다. 논다는 것은 육체적 활동에만 국한된 것은 아니다. 취미가 독서나 음악 듣기, 명상과 같은 것이라면 시간이 날 때 정서적으로 평화를 얻으며 그것을 즐기는 것 역시 잘 노는 방법의 하나라고 할 수 있다.

잘 논다는 것은 자신을 충전한다는 것과 같다. 놀면서 충전을 완벽하게 해야 다음 공부할 때 집중력을 잘 발휘할 수 있다.

나는 미국에서 학교를 다닐 때만큼은 모든 일을 열심히 했다. 수업을 듣고 수학 튜터, 과외, 숙제, 프로젝트 등 하는 일에 많았기에 쉬고 싶은 마음도 굴뚝같았다. 매일 밤 새벽 한두 시에 문을 열고 집에 들어갈 때마다 '왜 이렇게 열심히 해야 하지?' 라고 내 자신에게 묻는 경우가 많았다.

하지만 나는 모든 일을 즐겼다. 학교를 다니면서 해야 할 일이라면 어느 누구보다도 더 열심히 하고 싶었다. 그렇지만 방학이 시작되면 다른 어떤 사람보다 잘 놀기 위해 궁리하다가 여행을 떠났다. 홀로 가방 하나를 메고 세계 각국을 여행하다 보니 벌써 다녀온 곳이 20여 개 나라가 넘는다. 여행을 하면서 남들보다 잘 놀고 많은 것을 체험 하며 세상을 바라보는 견문을 넓힐 수 있었다.

어느 광고에 나오는 '열심히 일한 당신, 떠나라!' 라는 말처럼 공부할 때는 최선을 다해 하고, 놀 때도 열심히 놀 수 있는 현명한 사람이 되라. 잘 놀아야 스트레스도 풀 수 있고 공부 또한 능률이 오른다.

공부도 열심히! 노는 것도 열심히!

9 출제자 입장에서 공부하라

우리가 공부를 하는 이유는 결국 시험을 잘 보기 위함이다. 시험을 잘 보기 위해서는 무엇보다 출제자 입장에서 공부하는 것이 중요하다. 정해진 시간에 똑같은 공부를 하더라도 출제자의 심리와 의도를 파악한다면 효과적으로 공부할 수 있다.

모든 시험 문제는 출제자가 있다. 시험 출제자들은 문제를 만들 때 출제 목표라는 것을 정한다. 시험 문제로 어떤 지문을 선택할 때는 그 지문에서 출제할 내용이 있기 때문이다. 왜 이 지문이 선택되었나를 생각하면 지문만 보고도 어떤 문제가 출제되었는지 알 수 있다.

그런데 우리가 100가지를 배운다고 해서 출제자들이 100가지 전부를 시험 문제로 만들 수는 없다. 중요하게 생각되는 것이 결국 시험에 출제된다.

출제자들은 문제를 만들 때 보이지 않는 함정을 만들

기 좋아한다. 그러므로 출제자 입장에서 공부를 하면 무엇이 중요인지 알 수 있고, 어떤 문제가 출제될지 좀 더 구체적으로 공부할 수 있을 뿐만 아니라, 쉽게 빠질 수 있는 함정에도 걸리지 않고 좋은 성적을 얻을 수 있다.

각 단원별로 예상 문제를 꼭 만들어 보라. 예상 문제는 그 단원의 주제, 핵심 내용으로 구성하면 된다. 출제자 입장에서 자기가 공부한 내용으로 문제를 만들면 무엇이 부족한지를 알아챌 수 있고 내용을 더 깊이 이해할 수 있다.

대학에서 수학 수업을 들었을 때였다. 내일이 시험이지만 나는 여유가 있었고 옆에 앉는 미국 학생은 시험이 어떻게 나올지 불안해 하였다. 그러다가 우연히 그 친구 수학 책을 보게 되었는데, 책에는 온통 중요하다고 형광펜으로 밑줄이 그어져 있었고, 별들이 전쟁을 하고 있었다. 그 친구를 보면서 참 한심하다는 생각이 들었다. 다음날 시험을 본 결과 난 99점으로 A학점을 받았고, 그 친구는 60점으로 D학점을 맞았다.

나는 수학 공부를 하면서 교수님이 수업 시간에 무엇을 중요시했는지 나 자신에게 가르치는 선생이 되어 수학 공부를 했다. 분명 그 중에는 교수님이 중요하다고 생각한 내용과 문제 유형이 있었다.

나는 일차적으로 출제자가 되어 가장 중요한 내용을

완전히 공부한 다음에 내가 중요하다고 판단한 부분을 공부하였다. 그렇기 때문에 짧은 시간 공부하였지만 높은 점수를 받을 수 있었다.

반면, 미국 친구는 책에 나와 있는 모든 내용을 알려고 했기 때문에 결국 공부할 양만 늘어나게 되었다. 그러다 보니 많은 양을 공부했지만, 하나라도 제대로 아는 것이 없었고, 결국 비효율적인 공부를 하게 되어 성적이 낮게 나왔다.

이 글을 읽고 있는 여러분은 어떻게 공부하고 있는지 생각해 보라. 많은 학생들이 출제자 입장에서 공부하기보다 이미 나와 있는 문제집을 기계처럼 풀어내기만 하고 있다. 이는 단순 반복 작업일 뿐이지 효율적인 공부 방법이 아니다. 만일 그것이 옳은 학습 방법이라면 문제집을 많이 푼 학생일수록 좋은 대학에 입학해야 할 것이다. 하지만 생각 없이 문제집만 많이 푸는 것은 시간과 노력 낭비다.

따지고 보면 많은 문제집을 푸는 이유도 출제자의 심리와 의도를 파악하기 위해서다. 똑같은 문제라도 어떻게 변형할 수 있고 어떤 내용을 강조하는지 알기 위함이다. 이것을 염두에 두고 공부한 학생은 선택지만 보고도 무슨 문제인지 파악할 수 있다.

황금률이 황금률인 이유가 있다. 그건 불변하기 때문이고 어느 상황에서나 적용이 가능하기 때문이다. 반드시 출제자 입장에서 생각하며 공부하라.

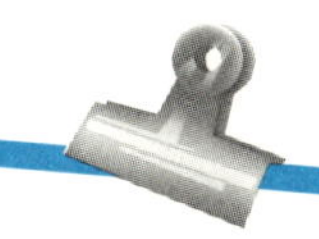
10 할 수 있다는 자신감을 가져라

우리는 누구나 성공하는 삶을 원한다. 그런데 왜 많은 사람들이 실패를 하는 것일까? 자신감이 없기 때문이다. '나는 할 수 없어' 라고 생각하는 사람은 정말 아무 일도 해낼 수 없다.

자신감 결여는 할 수 있는데도 사람의 심리를 나약하게 하여 섣불리 덤벼들지 못하게 함으로써 실패의 원인이 된다. 승자와 패자는 백지 한 장 차이밖에 없다. 그것은 자신을 믿느냐, 못 믿느냐이다. 인간은 누구나 능력을 가지고 있지만, 자신이 가진 능력을 믿지 않기 때문에 문제가 생긴다.

공부를 잘하려면 가장 먼저 '나도 할 수 있다' 는 자신감이 충만해야 한다. '꼭 이룰 수 있다' 는 신념이 투철하면 더욱 좋다. 자신감과 신념이 넘치는 사람은 자신의 능력을 몇 배로 발휘할 수 있다.

어떤 일을 할 때 '된다'고 믿는 사람은 실제로 할 수 없는 일인데도 해낼 수 있다. 하지만 할 수 있는 일인데도 '안 된다'고 생각하는 사람은 절대 그 일을 해낼 수 없다.

할 수 있다고 믿는 여부에 따라 결과에는 엄청난 차이가 생긴다. 자, 지금부터 '나는 할 수 있다. 열심히 공부하여 성공할 수 있다'라고 자기 최면을 걸어 보자.

내가 학생들에게 맨 처음 가르치는 것도 바로 '자신감'이다. 이는 무엇을 하나 더 배우느냐, 안 배우느냐보다 더 중요하다. 수학을 가르치다 보면, 자신감이 없는 학생들은 문제를 맞게 풀다가도 결국 틀린 답을 찾게 되거나, 중도에 포기하곤 한다. 반면, 틀린 답을 쓰더라도 자신 있게 문제를 푸는 학생들이 있다. 이 학생들 중 어떤 학생이 더 잘했느냐고 물어본다면 주저 없이 후자를 택하고 싶다.

답이 틀려도 좋다. 하지만 자신감 있게 풀어라. 그러면 성적이 빨리 향상된다.

미국에서 V라는 학생에게 SAT I Math를 여름 방학 동안 가르친 적이 있다. 처음 이 학생이 와서 시험을 봤을 때는 점수가 800점 만점에 고작 310점이었다. 정말이지 가르칠 힘이 쭉 빠졌다. 하지만 나를 더 힘들게 만든 것은 자신감이 없는 것이었다. 이 학생은 본인이 맞게 푼 문제인데도 앞에 나가서 풀어 보라고 하면 여지없이 틀리고 말았다. 그래서 이 학생에게 세뇌가 될 만큼 각인시킨 것은 바로 '자신감'이다.

나는 틀려도 괜찮다고 했다. 하지만 앞으로 자신감 없이 문제를 풀면 그때는 각오하라는 다짐까지 받았다. 한 달 반이라는 시간이 흐르고, 이 학생은 마지막 수학 모의고사에서 710점을 받을 수 있었다.

단순히 운이 좋아서 이런 점수를 받았다고 생각하면 큰 오산이다. 내가 봤을 때 이 학생에게 가장 필요했던 것은 공부보다 자신감이었다.

"틀려도 괜찮다. 하지만 자신 있게 풀어라."

결국 이 한 마디가 '자신감 있게 문제를 풀다 보니 답을 맞힐 수 있었다.' 라는 말로 되돌아왔다.

모든 우등생은 자기 세뇌를 통해 할 수 있다는 자신감을 가지고 있다. 이런 자신감이 남보다 공부도 더 잘 할 수 있고, 안 될 법한 일도 잘할 수 있게 만든다. 나 또한 자주 거울을 보며 자신을 세뇌시키고 있다.

"You, can do it!"
"이은승, 넌 잘 할 수 있어."

이 한 마디 말이 결국 나 자신에게 보이지 않는 자신감을 주었으며, 지금까지 모든 일을 혼자 힘으로 잘해낼 수 있는 원동력이 되고 있다.

4

우리도 공부의 신이 될 수 있다

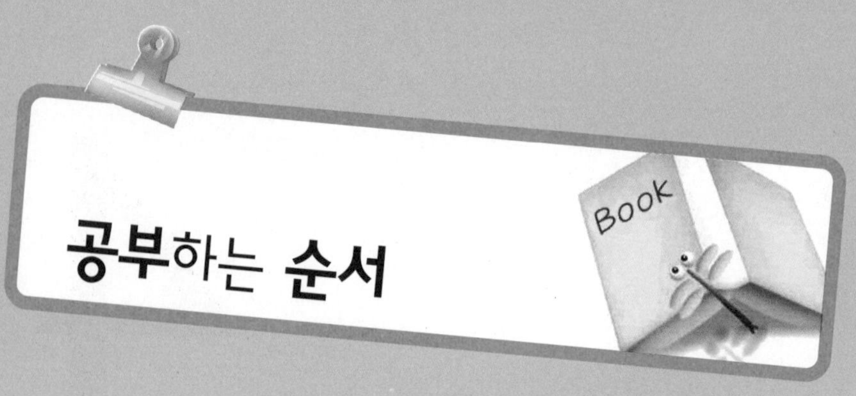

공부하는 순서

공부하는 데도 요령과 순서가 필요하다. 이런 기술을 이용하면 다른 학생보다 짧은 시간에 더 좋은 결과를 얻을 수 있다. 하지만 순서 없이 공부하는 학생은 시간과 노력을 낭비한다. 제3장에서 말한 우등생이 되는 십계명을 실천하면서 공부하는 기술과 요령을 익힌다면 공부라는 것이 결코 어렵지 않을 것이다.

공부하는 순서는 미술 시간에 점토로 사람을 만드는 단계와 같다.

- 재료 준비하기
- 주제 생각하기
- 밑그림 그리기
- 철사로 뼈대 만들기

- 점토를 뼈대에 붙이기
- 대강 완성 후 세부적인 모양 만들기
- 그늘에 말린 후 색칠하기
- 작품 감상하기

점토를 이용해 사람을 만든다면 이 순서에 따라야 한다. 만약 순서가 하나라도 엉키고 잘못된다면 작품을 정해진 시간 안에 만들어내기 힘들 것이다. 공부라는 것도 이와 같다.

재료 준비하기 = 좋은 참고서와 문제집 준비하기

점토로 사람을 만들고 싶다면 점토, 철사, 나무, 조각칼 등을 준비해야 한다. 이런 준비물 없이는 원하는 작품을 만들어내지 못한다. 공부도 마찬가지여서 좋은 성적을 얻고자 한다면 교과서와 참고서를 비롯한 여러 가지 문제집을 준비해야 한다.

주제 생각하기 = 공부 목표 세우기 

　　모든 작품에는 주제가 있다. 사람을 만들기로 했다면 어떤 사람을 어떻게 만들 것인지 자신만의 주제를 생각해야 한다.

　　이는 무엇을 어떻게 공부할 것인가 목표를 세우는 것과 같다. 목표가 확실해야 공부하는 동기를 얻고, 그 목표를 이루고자 노력하게 된다.

밑그림 그리기 = 계획 세우기 

　　자신이 만들고자 하는 작품의 주제를 생각했다면 스케치로 시각화해야 한다. 이는 더욱 구체적으로 생각을 표현하고 작품을 만드는 데 도움을 준다.

　　이 과정은 공부를 할 때 '계획 세우기'와 같다. 우등생 십계명에서도 언급했듯이 계획 없는 공부는 그다지 성과가 없으며, 목적 없는 계획은 실천하기 힘들다는 것을 명심하라. 목표를 설정했다면 실현 가능하도록 보다 구체적으로 계획을 세워라. 그러면 시간을 지배할 수 있다.

철사로 뼈대 만들기 = 기본기 다지기 

점토로 사람을 만들 때 쓰러지지 않게 하려면 뼈대를 잘 만들어야 한다. 뼈대가 없으면 사람의 형체가 만들어질 수도 없다. 높이 올라가는 건물일수록 기본 뼈대가 되는 철재 구조물이 제일 중요하다. 공부도 마찬가지다. 공부를 할 때는 무엇보다 기본 뼈대인 이론과 공식을 이해하고 암기하는 것이 중요하다. 기본 지식 없이 무작정 문제집부터 푸는 학생은 절대 공부를 잘할 수 없다.

점토로 뼈대에 살 붙이기
= 필요한 공부하기 

철사로 기본 뼈대를 만들었다면 보다 구체적인 사람 형상을 만들기 위해 점토라는 살을 뼈대에 붙여야 한다. 공부를 잘하는 사람은 기본 지식을 완전히 소화한 다음 점차 공부하는 질을 높이고 양도 늘려간다. 기본 지식만으로는 고득점을 받기 힘들기 때문이다. 기본 지식을 정확히 이해하고 암기했다면 문제집 등을 풀어 봄으로써 고득점을 받을 수 있도록 실력을 쌓아야 한다.

세부적인 모양 만들기 = 취약점 보완하기 

　뼈대를 만든 후 점토를 붙일 때 처음부터 완벽한 사람의 모습을 만들 수는 없다. 먼저는 전체적인 사람의 모양을 만든 후 필요한 부분을 세부적으로 만들어 가야 한다.

　공부 역시 해야 할 분량과 시간을 정했다면 전체적으로 한 번 다 공부하는 것이 중요하다. 전체적으로 자신의 실력이 어떤지 살핀 다음에는 취약한 부분과 중요한 부분을 찾아 집중적으로 공부해야 한다.

그늘에 말리기 = 공부 정리하기 

　점토로 사람을 만든 후 그늘에 말리는 작업도 중요하다. 그늘에 어떻게 말리느냐에 따라 작품의 완성도가 결정되기 때문이다.

　이 과정은 공부에서는 정리에 해당한다. 무조건 진도만 많이 나가고 문제를 많이 풀어보는 것이 최선책은 아니다. 전체적인 공부를 끝내고 취약점을 파악했다면 이를 반드시 정리해야 한다. 정리는 공부한 것을 보다 더 잘 이해하고 암기하는 데 많은 도움을 준다.

작품 감상 및 평가하기

= 공부 평가 및 반성하기 

　마지막 단계로 작품에 대한 감상 및 평가가 있다. 이때는 작품을 감상하면서 무엇이 잘못되었는지 무엇이 더 필요한지 평가해야 한다.

　공부는 시험을 통해 점수로 평가받는데, 시험을 자신에게 성취감을 주거나 다음에 더 잘하기 위한 계기로 생각해야 한다. 즉, 시험을 토대로 무엇이 부족한지 어떻게 공부해야 하는지 반성해야 한다.

　지금까지 나는 점토로 사람을 만드는 것과 공부하는 순서를 비교하여 설명해 보았다. 많은 학생들이 공부를 할 때 이런 순서를 따르겠지만, 막무가내로 공부하는 학생들도 있을 것이다.

　모든 일에는 순서와 방법이라는 것이 있다. 이는 지극히 당연한 것처럼 생각되지만, 보이지 않는 것이 결국 우등생과 열등생을 만드는 요인이 된다. 공부를 잘하고 싶다면 반드시 공부 순서를 지키도록 하라.

공부 기술

집중 속독하라 

많은 학생들이 하는 걱정 중 하나는 정해진 시간에 해야 될 공부가 너무 많다는 것이다. 공부를 하다 보면 이것저것 해야 할 것이 많고, 걱정이 앞서 스트레스를 받을 수도 있다. 예를 들어, 수학을 공부하다 보면 영어가 걱정되고, 영어를 공부하다 보면 국어가 걱정된다. 그러다 보면 어느 것 하나 제대로 공부하지 못하고 결국 시간만 낭비하는 현상이 벌어진다.

정해진 시간 안에 많은 공부를 하기 위해서는 스피드를 이용한 속독이 필요하다. 하지만 책을 빨리 읽는다고 해서 전부가 아니다. 속독에 접목해야 하는 것은 바로 집중이다. 그냥 속독하는 것과 집중해서 속독하는 것은 엄청난 차이가 있다.

글만 빨리 읽으면 읽고 나서 남는 것이 없다. 하지만 집중해서 속독하면 짧은 시간 안에 많은 것을 읽고 정확하게 내용을 기억할 수 있다. 참고로 집중력이 무엇인지, 어떻게 하면 집중력을 향상시킬 수 있는지에 관해서는 제5장에서 따로 설명하겠다.

21세기는 정보학 시대다 정보화 시대는 지식이 곧 제3의 권력인 사회라 말할 수 있다. 하루에도 수많은 정보와 지식들이 쏟아지고 있다. 그래서 옛날에는 'Know-How'

라는 말이 유행했지만, 지금은 'Know-Where' 이라는 말이 더 중요시되고 있다.

이런 시대에 성공적으로 살아남기 위해서는 많은 정보와 지식들 중에 자신이 필요한 것들만 정확하게 습득하고 창조해야 한다. 자신이 필요한 지식과 정보를 어떻게 빨리 찾아내고 이용하느냐에 따라 일과 공부의 성패가 좌우된다.

그러나 방대한 정보의 바다 가운데 기존의 정보 습득 방법이나 독서 방법으로 알맹이 정보를 건져 올리기란 쉬운 일이 아니다. 그래서 집중 속독법이 필요하다.

언더라인 & 이니셜 기법을 사용하라

집중 속독법으로 공부하다 보면 가끔 필요한 정보를 놓치는 경우가 있다. 그래서 집중 속독을 하면서 핵심 내용에 표시를 해두는 것이 필요하다. 이런 표시가 없을 경우 다시 찾는 데 시간과 노력을 낭비할 수 있기 때문에 언더라인 기법과 이니셜 기법으로 필요할 때마다 쉽고 빠르게 지식을 이용하는 습관을 만들어야 한다.

언더라인 기법

어느 코미디언이 '밑줄 쫙'이란 말로 유행어를 만든 적이 있다. 언더라인 기법이란 바로 핵심 사항에 밑줄을 '쫙' 긋는 것을 말한다.

아무리 집중 속독을 하더라도 놓치는 부분이 있게 마련이므로, 필요한 부분에 밑줄을 긋는 것이 효과적인 공부 방법이다. 이때 내용의 중요도에 따라 삼색(빨강, 파랑, 검정)을 이용한다면 한결 도움이 될 것이다. 예를 들면, 제일 중요한 내용은 빨강색, 중요도가 중간인 것은 파랑색, 그리고 시험에 나올 확률은 적지만 한번쯤 봐야 되는 부분은 검정색을 이용하는 것이다.

처음 책을 읽을 때부터 밑줄을 긋는 것보다 전체를 한 번 다 읽은 후 두 번째 혹은 세 번 째 읽을 때부터 언더라인 기법을 쓰는 것이 좋다. 삼색을 이용한 언더라인 기법을 쓸 때는 무작정 밑줄부터 긋지 말고, 핵심 사항을 파악하고 난 다음 필요에 따라 밑줄을 긋는 습관을 만들도록 하라.

이니셜 기법

책을 읽고 밑줄만 긋다 보면 밑줄 친 내용이 무엇을 의미하는지 모르는 경우가 생기다. 다시 읽고 생각하고 정리하다 보면 이중 작업이 되어 시간과 노력을 낭비하게 된다. 이때 이니셜 기법을 쓰면 많은 도움이 된다.

이니셜 기법은 자신이 원하는 단어의 첫 글자를 따서 필요한 곳에 살짝 이니셜만 적어 놓는 것이다. 예를 들면, 중요한 곳에는 'I'(Important), 노트에 반드시 정리해야 하는 것은 'N'(Note), 암기를 해야 하는 것은 'M'(Memory), 시험에 꼭 나올 문제는 'T'(Test), 그밖에 필요한 것은 자신만의 이니셜로 표시해두는 것이 좋다.

요약 및 정리 노트를 만들어라

앞에서 설명한 언더라인과 이니셜 기법을 사용하면 공부하는 것이 한결 쉽고 재미있어질 것이다. 하지만 이런 방법으로만 공부하면 다시 책을 펼치기가 쉽지 않다. 그래서 필요한 것이 요약 및 정리 노트를 만드는 것이다.

주위에서 우등생이 공부하는 방법을 자세히 살펴보라. 아마 자신에게 필요한 것을 정리해서 노트로 만들어 놓은 학생들이 많을 것이다. 이렇게 정리가 필요한 이유는 이해하고 암기하는 데 보다 효과적이며, 많은 시간과 노력을 절약할 수 있기 때문이다.

하지만 정리라고 해서 그냥 있는 것을 복사하라는 것은 아니다. 잘못된 노트 정리 방법은 오히려 시간과 노력을 낭비하게 한다. 그렇다면 어떻게 요약 및 정리 노트를 만드는 것이 좋을까?

요약 및 정리 노트 만드는 수칙 4가지

① 가장 중요하고 반드시 암기해야 할 것을 적어라

- 책을 전체적으로 한 번 읽는다.
- 2~3번째 책을 읽을 때 언더라인과 이니셜 기법으로 책에 표시한다.
- 표시해 둔 것을 바탕으로 다시 한 번 정독한다.
- 우선순위를 정해 요약 및 정리 노트를 만든다.

② 자신만의 방법으로 정리하고 설명을 적어라

노트를 만들 때 모든 내용을 그대로 적을 필요는 없다. 반드시 명심해야 할 사항은 자신이 공부한 것에 대해 먼저 이해를 하고 난 후 자신만의 방법으로 노트에 정리하는 것이다. 이론이나 공식에 관련된 중요한 예제 정도는 필요에 따라 적어두는 것이 좋다. 이러한 예제와 설명은 나중에 다시 노트를 보더라도 쉽고 정확하게 이해하고 암기하는 데 많은 도움을 준다.

〈요약 및 정리 노트 필기 양식〉

날짜, 페이지	단원 및 주제
추가 보충 설명	
Q&A	

③ 남한테 보이기 위해 만들지 마라

요약 및 정리 노트를 만들다 보면 자신보다 남한테 보이려 하는 경우가 발생한다. 그러다 보니 예쁘게 잘 만드려고 형형색색 펜을 쓰거나, 필요 이상으로 고민한다. 결론부터 이야기하면 이런 현상은 곧 시간과 노력을 낭비하는 역효과를 낼 수 있다. 요약 및 정리 노트는 자신이 공부한 내용에 대한 이해 방법 및 관련 지식들을 자신만의 언어로 기록해야 한다.

누구를 위해 정리 노트를 만드는지 잘 생각하라. 처음부터 완벽하게 만들어야겠다고 생각하기보다 공부를 하면서 필요에 따라 만드는 것이 좋다.

④ 적당한 크기에 보기 좋은 것을 골라라

사람마다 취향이 다르기 때문에 요약 및 정리 노트를 선택하는 것도 다양할 것이다. 특별히 정리 노트라고 해서 정해진 것은 없다. 단, 대학 노트처럼 두꺼운 것과 수첩 같이 작은 것은 피하라.

노트는 무엇보다 자신이 공부한 것을 정리하고 다시 볼 수 있는 것이어야 한다. 대학 노트는 크고 두껍기 때문에 휴대하기 불편할 뿐만 아니라 빨리빨리 더 많이 노트 정리를 해야 한다는 압박감이 생길 수도 있다. 또한 노트 정리를 한 권 완성했다는 성취감을 느끼기에도 상당한 시간이 걸린다. 반면, 작은 노트는 한자 성어나 영어 단어 등을 적어 필요에 따라 암기 노트로 활용할 수는 있지만, 공부한 것을 정리하기에는 크기가 너무 작다는 불편함이 있다.

그래서 노트는 적당한 크기에 자신이 원하는 스타일을 선택하는 것이 좋다.

대부분 미국 학생들은 바인더 노트를 활용한다. 바인더 노트란 왼쪽에 몇 개의 구멍이 있어 낱장의 종이를 끼워 쓰는 것이다. 바인더 노트를 쓰면 자유롭게 활용할 수 있을 뿐만 아니라, 하나의 바인더에 디바이더(노트의 섹션을 나눌 때 쓰는 것)를 이용해 여러 과목 노트를 한꺼번에 넣어 정리할 수도 있다.

노트란 학습하는 데 효율성을 높이는 도구로서 계속 공부하면서 새로운 정보를 추가할 수 있어야 한다. 즉, 수업 시간에 배운 내용을 정리하는 것으로 한정하는 것이 아니라, 궁금한 사항에 대한 해결 과정, 문제집을 풀면서 알게 된 새로운 사실이나 주의해야 할 점 등 관련된 내용을 한 데 모을 수 있어야 한다.

그런데 우리나라 학생들이 많이 쓰는 제본 노트는 새로운 페이지를 추가할 수 없고 관련 프린트물을 중간에 끼워 넣을 수도 없다. 또한 페이지 삭제는 찢지 않는 이상 불가능하고 그 부분은 보기 좋지 않다는 단점이 있다.

바인더 노트를 활용할 경우 수업 시간에 받거나 새로 추가하고 싶은 프린트물은 구멍을 낸 뒤 필요한 곳에 끼워 넣으면 된다. 바인더는 언제든지 노트를 여유롭게 필기할 수 있고, 프린트물을 원하는 곳에 추가할 수 있으며, 관리가 편리하다는 장점이 있다. 또한 바인더 한 권에 필요한 과목들을 디바어더로 분류해서 사용하다가 분량이 많아지면 그 과목을 별도의 바인더로 따로 만들어 사용할 수도 있다.

초(超) 암기법을 사용하라

요약 및 정리 노트를 만들었다면 다음 단계로 초(超) 암기법을 이용해 정리된 내용을 빨리 외워야 한다. 하지만 이 방법을 사용하기 전에 무엇보다 중요한 것은 공부한 것에 대한 이해가 선행되어야 한다는 점이다.

이해가 되지 않는 암기는 결코 오래 지속될 수 없다. 결국 우리가 앞서 배운 언더라인과 이니셜 기법, 그리고 요약 및 정리 노트를 만드는 것도 이해를 바탕으로 암기를 잘하기 위해서다.

그렇다면 어떻게 암기를 해야 짧은 시간에 많은 것을 외울 수 있을까?

암기를 잘하는 7가지 방법

① 이미지 이용법

우리 뇌가 기억을 잘하는 방법으로는 이미지를 이용하는 것이 가장 효과적이다. 이미지가 갖는 기억 효과는 문자보다 무려 10배 이상 된다. 예를 들어, 도서관이란 영어 단어 'Library'를 외울 때도 단어만 암기하기 보다 도서관 이미지와 함께 외우면 보다 빨리 기억할 수 있다. 이처럼 우리의 기억 장치는 이미지에 민감하므로 이미지 형태로 외우는 것이 좋다.

② 감성 이용법

감성이란 대상으로부터 감각되고 지각되어 표상을 형성하는 인간의 인식 능력을 말한다. 감성 이용법은 외우고자 하는 것을 자신의 일이나 경험에 연결해서 상상하면서 감성을 자극시키는 방법이다. 상상에 어떠한 일이나 경험을 접목해서 감성을 충분히 자극시키면 어렵지 않게 암기할 수 있다.

③ 스토리 이용법

어떤 문장을 외울 때 단순히 그것만을 기억하려 한다면 우리 뇌는 쉽게 받아들이려 하지 않는다. 많은 학생들이 영어 단어를 외울 때 무조건 생각 없이 연습장에 쓰는 것부터 하지만, 이 방법은 암기에 전혀 도움이 되지 않는다.

기억에 오래 남도록 하기 위해서는 외우고자 하는 것에 스토리를 만드는 것이 좋다. 스토리를 만들다 보면 재미를 느끼게 되고, 이 과정에서 창의력도 개발될 수 있다. 또한 스토리 덕분에 오랫동안 기억할 수 있다.

④ 연상 이용법

'연상'이란 어떤 사물을 보거나 듣거나 생각할 때 그와 관련된 여러 가지를 동시에 생각하는 것을 말한다. 일단 한 가지를 기억하면 다른 것들이 사슬처럼 연달아서 떠오르는 것이다. 이를 체인 및 도미노 효과라 한다. 이는 영어

단어 암기법의 '가지치기'나 '꼬리를 무는 기억법'과 비
슷하다(제8장 참고).

⑤ 규칙·구조화 이용법

암기할 것이 있다면 그 대상 가운데서 규칙을 찾는 것
이 중요하다. 예를 들어, 112358… 과 같은 숫자들을 그냥
외운다면 얼마 되지 않아 쉽게 잊어버리겠지만, 이 숫자들
에 피보나치 수열이라는 규칙이 있다는 것을 알면 그 규칙
만 외우면 된다. 만약 규칙을 발견하기 힘든 것이라면 암
기할 대상을 상위나 하위로 단계를 나누어 구조화한 다음
외우면 된다.

⑥ 남한테 설명하기

암기를 하면서 반드시 체크할 사항은 얼마나 외웠느냐
를 확인하는 것이다. 그것으로 가장 좋은 방법은 다른 사
람에게 설명해 보는 것이다. 그러면 자신이 얼마만큼 이해
하고 있는지, 얼마만큼 암기하고 있는지 점검할 수 있다.
남한테 설명하다 보면 자신이 의외로 정확히 암기하지 못
하고 있는 부분을 발견할 수 있을 뿐만 아니라, 다시 한 번
복습하는 효과를 얻을 수 있다.

⑦ 주기적 반복 이용법

암기하는 가장 확실한 방법은 바로 계속 반복해서 외

우는 것이다. 반복해서 외우면 기억을 강화할 뿐만 아니라, 잊었던 내용을 다시 기억하는 효과가 있다. 하지만 하나를 붙잡고 오랫동안 외우는 것은 어리석은 방법이다.

우리 뇌는 기억에 한계가 있기 때문에 하나를 오랫동안 암기하는 것과 한 번만 암기하는 것은 절대 도움이 되지 않는다. 그러므로 암기한 것을 주기적으로 반복해서 암기하는 것이 효과적이다. 시간을 정해 주기적으로 암기하면 기억의 효율성이 극대화되지만, 한꺼번에 많은 것을 암기하려 한다면 오히려 역효과가 날 수 있음을 유의하라.

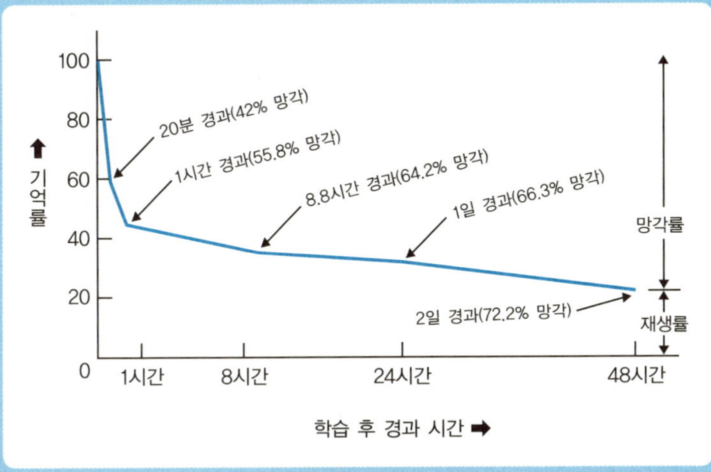

〈에빙하우스 망각 곡선〉

우리는 시간이 지날수록 이미 외운 것을 망각하지만 암기를 할 때 배구 선수
가 토스를 하듯이 톡톡 쳐주는 주기적 반복법을 사용한다면 망각 곡선은 다
음과 같이 바뀔 것이다.

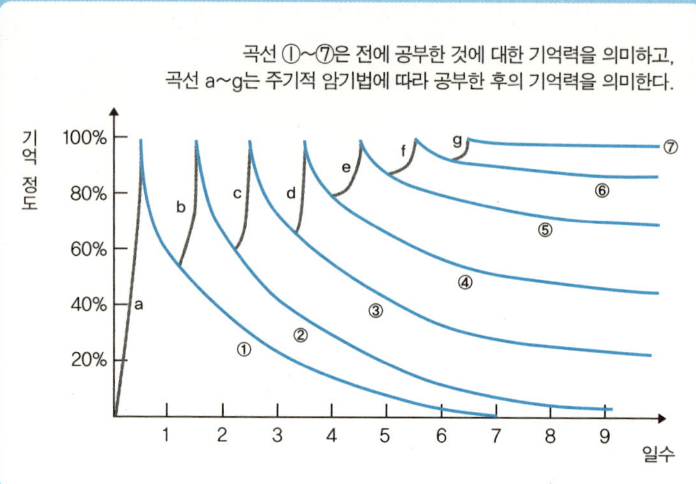

〈주기적 암기법에 따른 기억 곡선〉

우리 두뇌는 처음 암기를 할 때는 기억 정도를 100%로 만들어 놓아도 시간이 지날수록 곡선 ①을 따라 망각하여 7일 후에는 완전히 잊어버린다. 두 번째 다시 암기해서 기억 정도를 100%로 만들어 놓으면 이번에는 곡선 ②를 따라서 망각한다. 매번 이런 식으로 반복하여 일곱 번째에 이르러 기억 정도를 100%로 만들면 비로소 망각 곡선이 거의 수평이 된다. 그렇기 때문에 암기를 잘하려면 주기적으로 반복 학습을 해야 한다.

시험을 잘 보는 기술

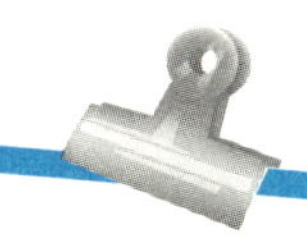

우리가 어떻게 하면 공부를 잘할 수 있는지 고민하는 것도, 초·중·고교까지 공부를 하는 궁극적인 이유도 결국은 시험을 잘 보기 위함이다. 시험 점수가 얼마나 열심히 공부했는지 평가하는 기준이 되기 때문이다.

많은 학생들이 열심히 공부하고도 실력을 100% 발휘하지 못하고 시험을 잘 보지 못한 이유는 무엇일까? 어떻게 하면 공부를 잘하는지도 중요하지만, 어떻게 하면 시험을 잘 봐서 열심히 공부한 대가를 얻을 수 있는지도 중요하다. 시험을 잘 보는 기술은 과연 무엇인지 알아보자.

시험의 생명은 효율적 시간 분배

시험이 어려운 이유는 제한된 시간이 정해져 있기 때문이다. 만약 20문항을 주고 무한정 시간을 준다면 시험으로서 의미가 없을 뿐만 아니라, 학생들이 어느 정도 공부했는지 측정할 수 없다. 그래서 시험은 제한된 시간이 있다.

시험을 잘 보기 위해 필요한 것은 시간 분배를 골고루 하는 것이다. 어떤 학생은 시간 배정을 잘못하여 쉬운 시험인데도 다 끝내지 못하고 제출하기도 한다. 이 얼마나 억울한 일인가.

제한된 시간 때문에 많은 수험생들이 빨리빨리 문제를 풀어야 한다는 압박감으로 시달린다. 이런 압박감은 많은 스트레스를 받게 하고 식은땀을 흘리며 심장 박동이 빨라지게 하는 등 교감 신경이 항진되는 증세를 나타낸다. 이런 심리적 반응과 신체적 반응으로 시험에 대한 걱정과 불안이 커지고, 결국 시험에 집중할 수 없게 되어 시험을 망치게 된다. 그래서 시험을 잘 보는 기술 중에 하나가 바로 시간을 잘 분배하는 것이다. 어떻게 하면 시간 분배를 잘 할 수 있을까?

무조건 쉬운 문제부터 풀어라

일반적으로 문제들은 난이도에 따라 분배되어 있다.

쉬운 문제에서 어려운 문제 순으로 말이다. 요즘은 어려운 문제들이 무작위로 배정된 경우가 있지만, 우선 쉬운 문제를 찾아 기본 득점을 한 후에 어려운 문제를 푸는 것이 시험 기술의 정석이다.

쉬운 문제를 먼저 해결함으로써 기본 득점을 할 수 있을 뿐만 아니라, 뇌 상태를 최상의 컨디션으로 만들 수 있고, 심리적 안정을 찾을 수 있다. 이런 심리적 안정은 다른 문제들까지 잘 풀 수 있는 기반이 된다.

어려운 문제에 시간을 많이 빼앗기지 마라

시간 분배에 실패하는 주된 이유는 어려운 문제를 해결하느라 지나치게 많은 시간을 소모하기 때문이다. 한 문제에 많은 시간을 소비할수록 다른 문제들을 풀 수 있는 시간들이 줄어든다는 점을 명심하라. 즉, 같은 시간 동안 한 문제를 풀 것인지, 서너 문제를 풀 것인지 현명하게 판단하라. 여기서 중요한 것은 어려운 문제를 풀지 말란 이야기가 아니라, 풀 수 있는 다른 문제들로 먼저 점수를 확보한 후 남은 시간에 어려운 문제를 풀면 된다는 것이다.

시험의 총 점수가 중요한 것이지, 어려운 문제를 푸는 것이 중요한 것은 아니다. 어려운 문제를 풀고도 낮은 점수를 받으면 별 의미가 없다.

시험지를 받은 후 1~2분에 걸쳐 전체 문제를 훑어 보아라

시험지를 받는 순간 수험 번호와 이름을 기입한 후 재빨리 전체적으로 문제들을 훑어 보는 것이 중요하다. 시간 제약상 난이도를 정확히 파악할 수는 없겠지만, 대강 어느 정도인지 파악한 후 쉬운 문제부터 풀기 시작하라.

어려운 문제에 직면하면 한두 번 정도 풀려고 노력하다가 너무 많은 시간을 할애할 것 같으면, 일단 지나치고 다른 문제들을 우선적으로 풀어라. 앞에서 언급했듯이, 어려운 문제에 너무 많은 시간을 낭비할 경우 시간이 모자랄 수 있으므로, 어려운 문제나 아리송한 문제는 나중에 푸는 것이 가장 바람직하다.

간단히 메모하는 습관을 만들어라

어려운 문제들을 지나치고 다른 문제들을 우선적으로 풀더라도 이때 아무 생각 없이 다른 문제로 넘어가지 말고, 풀지 못한 어려운 문제 옆에 문제를 풀면서 생각했던 것들을 간단하게 메모해놓는 것이 좋다. 다른 문제들을 다 풀고, 다시 그 문제를 풀 경우 거듭 생각하는 수고와 시간을 절약하기 위해서다.

문제를 정확히 파악하라

대부분 학생들은 틀린 문제에 대해 자신이 실수했다고 생각하는데, 실수하는 이유 중에 하나는 문제를 정확히 읽고 파악하지 않기 때문에 생긴다. 어떤 문제든 문제를 차분히 읽고 끝까지 읽는 습관을 만들어야 한다. 혹 공부하면서 풀었던 유형과 비슷하거나 쉬운 문제가 나왔다고 할지라도 끝까지 읽지 않고 답을 체크하는 경솔함을 범한다면 오답을 고를 수 있는 함정에 빠질 위험이 크다. 어떻게 하면 문제를 정확히 파악할 수 있을까?

출제자의 입장에서 문제를 읽어라

시험을 출제하는 사람은 어려운 문제보다 함정에 쉽게 빠질 수 있는 문제를 출제하기 좋아한다. 이러한 까닭에 출제자가 무엇을 묻고 있는지를 생각하며 문제를 읽는 것이 좋다. 또한 필요에 따라 중요한 곳에 언더라인을 하거나 박스를 쳐 놓으면 애매한 문제도 분명하게 풀 수 있는 해결책을 찾을 수 있다.

문제를 주의 깊게 끝까지 읽어라

처음 부분만 읽고 문제 전체를 다 이해한 양 답을 고르는 학생이 의외로 많다. 특히 우리나라 말은 끝까지 읽지 않으면 무엇을 말하려고 하는지 잘 알 수 없는 경우가 많

다. 예를 들면, '다음 중 옳은 것은? 옳지 않은 것은? 다음
중에서 관련 없는 것이 아닌 것은?' 등 무엇을 묻는지 혼
동되는 것이 많다. 그러므로 옳은 것을 고르라는 것인지,
틀린 것을 고르라는 것인지 문제를 주의 깊게 읽고 잘 파
악해야 한다.

접속사와 조사에 유의하라

우리나라 말은 문장과 문장 사이에 접속사를 쓰는 경
우가 많다. 예를 들면, '뚱뚱하긴 하지만 좋아한다.' 와 '뚱
뚱하기 때문에 좋아한다.' 와 같이 어떤 접속사를 쓰느냐
에 따라 의미에 차이가 생긴다.

특히 문장 중에 사용된 조사가 '뿐, 만, 반드시' 등
과 같이 단정적일 경우 더욱 주의 깊게 읽어야 한다.
별것 아니지만, 이런 말들 때문에 문제 이해에 착오
가 생긴다. 이렇게 접속사나 특정 조사가 나올 경우 해당
단어에 동그라미를 쳐 놓으면 문제를 이해하는 데 많은 도
움이 된다.

정답을 찾는 기술

문제를 풀다 보면 본인은 정답이라고 생각하는데 왠지 정답이 아닐 것 같은 찜찜한 느낌이 들 때가 있다. 그러다 간혹 이런 느낌 때문에 정답을 바꿨다가 오답을 고르는 낭패를 본 경험이 누구나 한 번쯤은 있을 것이다. 그리고 문제를 정확히 이해했는데도 정답을 선뜻 고르지 못하고 주저할 때도 있을 것이다. 이런 상황에서는 어떻게 하면 정확한 정답을 찾을 수 있는지 알아보자.

제거법과 정리법을 사용하라

객관식 문제를 풀다 보면 틀린 것을 금방 찾을 수 있는 것이 있다. 틀린 것이 확실한 것들은 일단 제거하라. 그러면 답이 될 수 있는 것이 2~3개로 압축될 것이다. 그 다음에 다시 한 번 문제를 읽어보고 무엇을 묻는지 정확히 파악한 후 압축된 선택지를 본다면 어렵지 않게 답을 찾을 수 있다. 이때 선택지들을 비교해서 공통된 것이 없는지 살펴보라.

대부분 출제자들은 정답을 만든 다음 이를 기준으로 틀린 선택지를 만드는 경우가 많다. 그러므로 선택지 중이 공통점이 많은 것들은 그만큼 답이 아닐 확률이 높다.

귀납적 방법으로 정답을 찾아라

일반적으로 사람들은 연역적 방법으로 문제 혹은 지문을 읽은 후 정답을 고른다. 그러나 국어 시험 같은 경우 지문이 너무 길 때 문제를 먼저 읽고 무엇을 묻는지 정확히 파악한 다음 지문을 읽으면 쉽게 답을 찾을 수 있다. 또한 지문 없이 긴 문장의 문제일 경우 선택지를 먼저 보고 문제를 읽으면 무엇을 묻고자 하는지 파악하기 쉽다.

이와 같이 경우에 따라서는 귀납적 방법으로 문제를 풀면 정답을 쉽게 찾을 수 있다.

특정 조사를 잘 살펴라

국어의 경우 '뿐, 만, 반드시, 전혀' 등이 들어간 선택지는 대부분 오답이다. 영어의 경우도 'every, all, none, never' 등의 부사가 들어간 선택지도 정답이 아닌 경우가 많다. 즉, 어떤 특정 조사가 문장 안에 들어갈 경우 답이 아닐 확률이 높다는 것이다. 이는 어떤 사실을 전면적으로 부정하거나 긍정할 수 없기 때문이다. 이러한 점을 잘 활용한다면 어렵지 않게 정답을 고를 수 있을 것이다.

1번부터 시작하지 않아도 된다

　고등학교 시절 언제부터인지 공부를 잘하는 친구가 옆에서 시험을 볼 때 나도 모르게 시험 보는 속도를 자연스레 비교하게 되었다. 공부를 잘하던 친구는 별 어려움 없이 자기 속도대로 문제를 풀면 되었지만, 옆에서 시험 보던 나는 '왜 나는 쟤보다 문제를 늦게 푸는 것이지'란 압박감에 스트레스를 받았다. 뿐만 아니라, 다른 사람들이 나보다 시험지를 넘기는 속도가 빠르기라도 하면 괜히 나도 모르게 '나만 시험이 어렵나'란 조바심에 자연스레 시험을 망치는 불행한 일들이 일어났다. 그래서 이런 현상들을 극복하고자 나름대로 개발한 방법을 소개하고자 한다.

처음 풀기 시작하는 문제를 다른 사람과 달리 하라

　시험이란 제한된 시간 안에 누가 더 많은 문제를 정확히 풀어서 좋은 점수를 얻느냐가 중요하지, 시간적 순서에 따라 문제 푸는 것을 측정하는 것이 아니다. 그러므로 다른 사람과 똑같이 굳이 1번 문제부터 풀지 않아도 된다.

　지난날 내가 그랬듯이 1번 문제부터 풀다가 시험지 넘기는 속도가 다른 사람과 비교되면 스트레스를 받기 쉽다. 물론, 집중력이 뛰어난 학생이라면 이런 것들에 신경 쓰지 않고 시험을 보겠지만, 예민한 학생들은 시험 보는 동안 스트레스를 받을 것이다.

이런 보이지 않은 스트레스에서 벗어나는 방법 중 하나는 다른 사람과 다른 문제부터 풀기 시작하는 것이다. 그러면 자연스레 문제 푸는 속도를 비교할 수 없어 편안하게 시험에 임할 수 있다.

경우에 따라서는 마지막 선택지부터 보라

대부분 학생은 시험 문제를 읽은 후 첫 번째 선택지부터 보고 정답인지 아닌지를 고민할 것이다. 출제자들은 이러한 수험생의 특징까지 이용(?)하려는 경향이 있다. 즉, '어떻게 하면 수험생들이 제한된 시간을 낭비하게 할 수 있을까'를 고려해서 정답을 네 번째, 혹은 맨 끝에 배치하는 경우가 많다.

출제자들의 의중을 파악해서 첫 번째 선택지를 보면서 정답을 고르는 데 시간을 낭비하지 말고, 경우에 따라서는 맨 마지막 선택지부터 살펴보는 것이 좋다. 특별히 어떤 문제를 마지막 선택지부터 보라는 것은 없지만, 느낌에 따라 마지막 선택지부터 보는 센스를 갖도록 하라.

아리송한 문제 풀기

　문제를 풀다 보면 알 것 같은데 선뜻 답을 고르지 못하는 것도 나온다. 이렇게 아리송한 문제를 더 조심해야 한다. 어려운 문제라면 일단은 지나친 후 나중에 풀려고 하겠지만, 이런 아리송한 문제들은 선뜻 풀릴 것 같은 생각 때문에 계속 고민하게 된다. 그러다 보면 결국 시간만 낭비하는 어리석음을 범할 수 있다.

　선뜻 답을 고르지 못하는 문제는 제거법과 정리법을 이용해 선택지를 2~3개로 압축한 다음 일단 건너뛰는 것이 현명하다. 그리고 다른 문제들을 다 푼 후 다시 돌아와 푸는 것이 좋다. 때에 따라서는 다른 문제들을 풀면서 아리송한 문제에 대한 힌트를 얻을 수 있고, 머릿속이 어느 정도 정리되기 때문에 답을 고를 수 있는 확률이 높아진다.

처음에 생각한 답이 정답일 경우가 높다

　선택지에서 2~3개로 답을 압축시킨 후 어느 것이 답일까 고민하는 경험은 시험을 본 사람이라면 누구나 했을 것이다. 그럴 때는 대체로 처음에 생각했던 것이 정답일 확률이 높다. 다른 선택지가 정답이라는 확신이 들지 않으면 처음에 생각한 것으로 체크하는 것이 좋다.

　그런데도 정답일지 아닐지 고민된다면 처음 생각한 것

을 답으로 살짝 체크한 후 다른 문제들부터 풀어라. 그리고 마지막에 다시 그 문제로 돌아와 한 번 더 생각하는 것이 좋다. 역시나 다른 선택지가 확신이 들지 않을 경우에는 처음에 생각한 것을 체크하는 것이 확률적으로 정답일 가능성이 높다.

최후의 수단, 확률적으로 정답을 고르라

이 방법은 최후의 수단으로, 풀지 않은 문제를 제외한 나머지 문제들을 확신 있게 풀었고, 어느 정도 시간적 여유가 있을 때 쓰기 바란다. 예를 들어, 문제를 다 풀고 남은 시간은 많은 데 비해 1~2문제를 도저히 모를 경우, 문제에 대한 각 선택지의 정답 비율을 따지는 방법이다. 즉, 선택지가 5개라면 확률적으로 각 선택지가 정답일 확률을 20%라고 가정하고, 선택지 1~5까지 각각의 정답 비율을 계산해 보는 것이다. 그 결과 개수가 가장 적은 선택지가 확률상으로 풀지 못한 나머지 문제의 정답일 가능성이 높다고 간주한다. 특히 제거법과 정리법을 이용해 선택지를 2~3개로 압축한 후 이 방법을 사용하면 답을 맞출 확률이 꽤 높다.

답안지에 정답을 정확히 기입하라 

마지막 단계로 자신이 선택한 정답을 답안지에 정확히 기입해야 한다. 시험을 망친 학생들 중에 종종 정답을 한 칸씩 밀려 썼다고 하는 경우가 있는데, 이런 일은 긴장감 때문이 아니라 어느 정도 시험을 잘 봤다는 안도감으로 발생한다. 아무리 뛰어난 실력을 갖췄다고 해도 끝까지 긴장을 늦추지 말고 답안지에 정답을 정확히 기입할 때까지 신중해야 한다.

답안지 작성 시 자신만의 방법을 만들어라

답안지에 정답을 옮기는 방법도 여러 가지가 있다. 예를 들면, 첫째, 문제를 다 푼 후에 맨 마지막에 답안지를 작성하는 방법, 둘째, 문제를 푸는 대로 답안지를 작성하는 방법, 셋째, 5~10문제씩 나누어 푼 후 답안지를 작성하는 방법 등이다. 하지만 내 경험상 가장 좋은 방법은 첫째 방법처럼 문제를 다 푼 후 맨 마지막에 답안지를 작성하는 것이다.

첫째 방법을 쓸 경우 답안지를 작성할 때까지 모든 시간을 집중해서 문제를 푸는 데 할애할 수 있다는 장점이 있다. 하지만 한 가지 주의해야 할 점은 답안지 작성 시간을 시험 종료 최소 10분 전으로 정해놓고, 풀지 못한 문제가 있더라도 이를 제외한 나머지 문제들부터 무조건 답안지에 표시해야 하는 것이다. 일단 이렇게 한 후 풀지 못한 문제들에 대해서는 시험 종료 전까지 최선을 다해 정답을 찾을 수 있도록 해야 한다.

시험 종료 때까지 문제를 풀고 답안지를 작성할 경우 촉박한 시간 때문에 정답을 한 칸씩 밀려 쓰는 불행한 일이 벌어질 수 있다는 것을 명심하라. 다른 방법들은 꼼꼼하게 답안지를 작성할 수 있는 장점이 있지만, 이러한 것에 적지 않은 시간을 소비해야 한다는 단점이 있다.

작성한 답안지를 제출 전에 마지막으로 검토하라

정답을 답안지에 기록하면 모든 시험이 끝났다고 생각하는가. 다시 한번 말하지만, 시험 종료 전까지 긴장을 늦추지 말고 끝까지 최선을 다 해야 함을 잊지 마라.

답안지 작성이 끝났다면 시간이 허용되는 대로 시험지에 체크한 답과 답안지에 체크한 답이 동일한지 검토해야 한다. 이 확인 작업은 무조건 답안지 작성 후에 해야 하며, 이때 침착하게 빠른 속도로 점검하는 습관을 길러야 한다.

암기 과목은 어떻게 공부해야 하나요?

내가 권하고 싶은 암기 과목 공부 방법은 다음과 같다.

첫째, 암기할 내용을 체계적으로 정리한다. 어떤 순서나 사건에 따라 내용을 묶으면 훨씬 쉽게 암기할 수 있다. 정리가 힘들면 언더라인 기법과 이니셜 기법으로 중요한 것을 먼저 체크하고 나서 핵심 내용을 확실히 암기한다. 시간이 남는다면 살을 붙이는 것이 좋지만, 모든 내용을 암기하려는 태도는 버려야 한다.

둘째, 제4장에서 말한 초암기법으로 빠르게, 여러 번 일정한 시간 반복해서 외운다. 여러 번 주기적으로 외울 때는 눈으로 공부하면서 암기한 후에 마지막으로 쓰면서 확인하는 것이 가장 좋다. 눈으로 공부하면 짧은 시간에 많은 양을 습득할 수 있고, 마지막으로 써 보면 무엇을 정확히 외우지 못했는지 점검할 수 있다.

시험을 보고 나면 어떻게 해야 하나요?

자신이 가장 좋아하는 방법으로 적당히 휴식하라. 그 후에는 시험 내용을 분석하라. 무엇을 보충해야 하는지 정확히 파악하고 정리하라. 그러면 다음에 공부할 때 시간을 줄이고 실수도 줄일 수 있다. 문제 분석 후에는 반드시 정리하는 습관을 들여라.

공부에 관련된 효과

❶ 호기심 효과

우리는 공부를 하면서 끊임없이 '왜'라는 질문을 떠올려야 한다. 이런 질문을 통해 보다 심도 있는 공부를 할 수 있으며, 이런 작은 차이가 결국 공부를 잘하느냐, 잘하지 못하느냐를 구분 짓기 때문이다. 공부한 것을 보이는 현상 자체로 받아들일 경우 이는 암기하는 것에 가깝지 이해하는 것이 아니다. 그러나 '왜'를 생각할 때마다 우리 머리에는 막대(why bar)가 하나씩 세워진다.

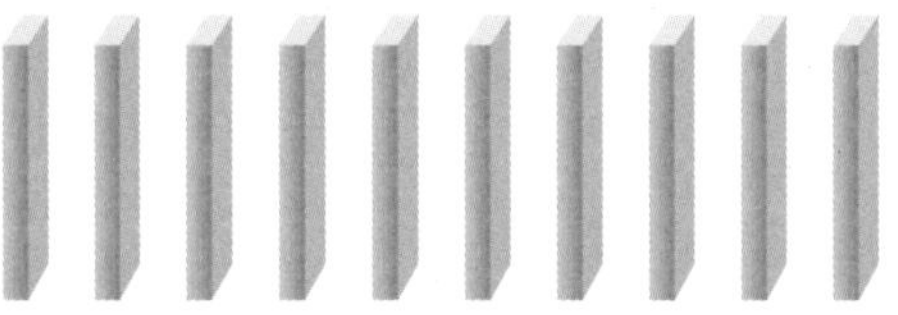

❷ 도미노 효과

막대(why bar)가 하나씩 계속 세워지는 도중 '왜'라는 질문에 대한 답을 이해하거나 깨닫게 된다. 이런 이해와 깨달음이 첫 번째 큰 막대를 넘어뜨리는 순간 도미노처럼 다른 막대도 차례로 넘어뜨리는 연쇄 작용이 일어난다. 왜

라는 질문을 계속 하다 보면 어느 하나만 이해하게 되는
것 같지만, 이를 통해 또 다른 것을 이해하는 도미노 현상
이 일어나 결과적으로는 큰 것을 얻게 된다.

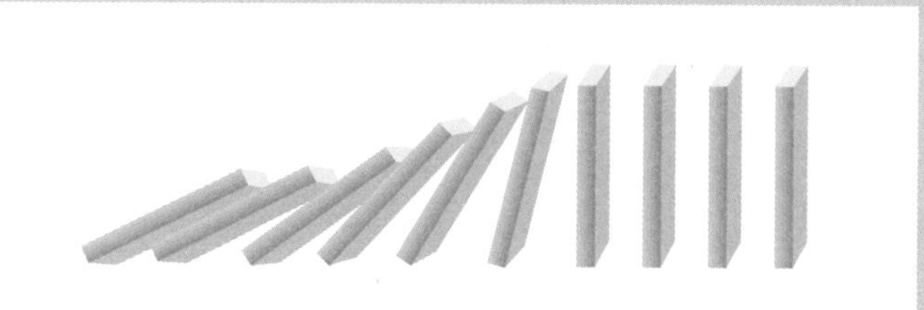

❸ 기억 효과

막대(why bar)가 하나를 이해하면 또 다른 것을 이해하
는 연쇄 작용으로 이어져 마지막 막대가 뇌세포를 강타한
다. 이때 뇌세포는 그 충격 때문에 이해한 것을 오랫동안
기억한다.

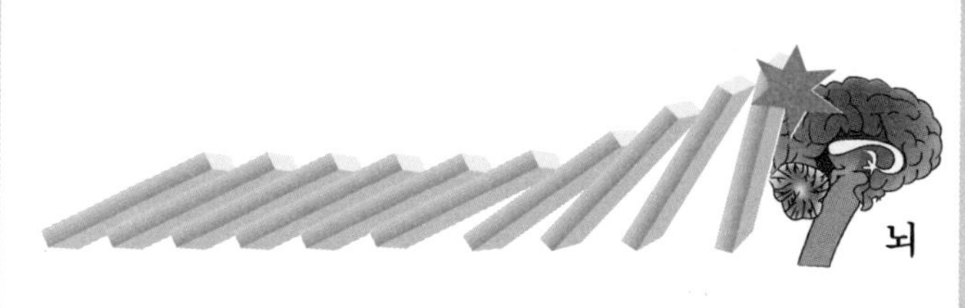

5

공부의 보이지 않는
마지막 1%는 집중력

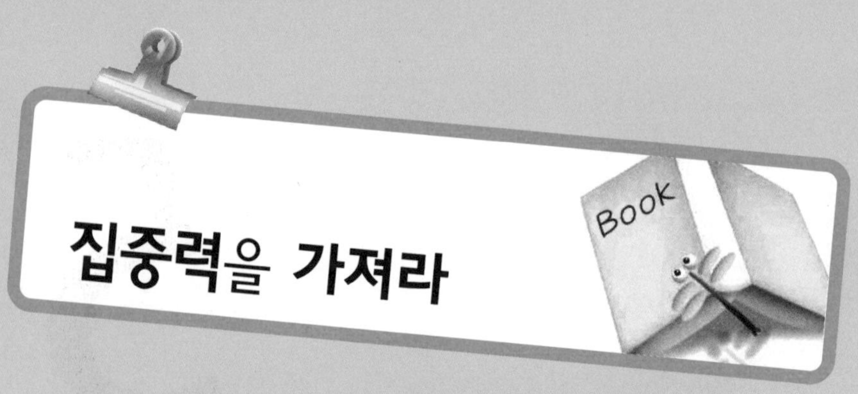

에디슨은 "천재란 99%의 땀과 1%의 영감으로 만들어진다."고 했다. 이 말은 아무리 두뇌가 뛰어나도 노력하지 않으면 천재가 될 수 없다는 것을 의미한다. 천재가 되기 위해서는 무엇보다 99% 땀이라는 노력을 전제해야 한다.

공부를 잘하는 사람이 되려면 제3장에서 언급한 우등생 십계명을 따르며, 공부·시험 기술을 익히면서 끊임없이 노력해야 할 것이다. 그러고 난 후 천재들이 가지고 있는 나머지 1%라는 영감을 얻도록 노력해야 순서가 옳을 것이다. 천재들이 가지고 있는 보이지 않는 1% 영감은 집중력과 무관하지 않다.

시간은 어느 누구에게나 공평하게 24시간으로 한정되어 있기 때문에 한정된 시간 안에 누가 더 많은 양의 공부를 효율적으로 하느냐가 우등생이 되는 관건이다. 물론,

앞서 설명한 여러 가지 좋은 방법들이 있지만, 가장 중요한 것은 바로 '집중력'이다. 그러나 집중력은 눈에 보이지 않는 현상이기에 모방하거나 얻을 수 없다.

내가 지금까지 연구한 결과에 따르면, 공부를 할 때 집중력이 어느 정도냐에 따라 효율성(공부를 끝내는 시간)이 약 5~6배 정도 차이 난다. 그만큼 집중력은 눈에 보이지 않지만, 엄청난 힘을 가지고 있다.

집중력이 어느 정도 중요한지 고시 3관왕인 고승덕 변호사가 쓴 『포기하지 않으면 불가능은 없다(개미들출판사)』란 책에서 살펴보도록 하자.

하루는 24시간이다. 나는 하루에 7시간을 잤다. 몸이 약해서 7시간은 자야 했다. 그럼 나머지 시간은 17시간이다. 그렇다. 나는 정말 자는 시간 빼고는 모두 공부했다.
집중력이 전부다.
나는 내가 매주 집중력이 뛰어난 사람이라고 생각한다.
나는 요즘 하루 7시간을 잔다. 즉, 적게 자는 편이 아니다. 하지만 어떤 일이 있으면 나는 집중해서 처리히다.
작은 깔끝이 가죽을 뚫는 이유는 뭐라고 생각하는가? 그것은 바로 집중력이다.

나는 한 번 자리에 앉으면 10시간까지 그대로 앉아서 일을 할 수가 있다. 그 이상은 생리적인 현상 때문에 안 되는 것 같다. 다시 한 번 말하지만, 집중력이 전부다.

과연 '집중력'은 무엇인가?

사전에 정의된 집중력이란 '어떤 사물에 대하여, 정신을 집중시키는 힘이나 집중시킬 수 있는 힘'이다. 예를 들면, 중·고교 시절 한 과목 시험을 마치고 쉬는 시간 10분 동안 그 다음 시험 과목을 빠르게 복습할 수 있는 것 또한 집중력 덕분이라고 할 수 있다. 그 10분만큼은 다음 시간에 나올 시험을 잘 보기 위해 긴장하면서 최대한 빨리 많은 내용을 보려고 노력한다. 그래서 10분이라는 짧은 시간에도 10시간 동안 공부했던 내용을 한꺼번에 복습하고 기억해 낼 수 있다.

또 다른 예를 하나 들어 보겠다. 한때는 나 역시 온라인 게임에 빠져 거의 무아지경(無我之境)이 되어 날을 새기 일쑤였다. 어느 날은 저녁 6시부터 게임을 시작했는데, '조금만 더 하자'는 생각으로 시간을 끌며 집중하다 보니 시계는 벌써 아침 5시를 가리키고 있었다. 새벽에 등산을 즐기는 아버지한테 걸려 하마터면 야단을 맞을 뻔했지만, 가까스로 위기(?)를 모면할 수 있었다.

 아버지 : 너 잠 안자고 뭐하냐?

 나 : 이제 방금 일어났는데요.

집중하여 일 혹은 공부를 하다 보면 흔히 '눈깜짝할 사이'라는 말이 실감날 정도로 시간이 상대적으로 빠르게 지나간다.

시험 직전 쉬는 시간 10분 동안 공부할 때처럼 엄청난 집중력을 쏟는다면 모든 사람이 다 '천재'가 될 수 있지 않을까. 그렇다면 집중력이 공부에 미치는 영향은 어떠한지 내가 수학적으로 연구한 바를 소개하기로 한다.

아인슈타인이 1905년에 발표한 특수 상대성 이론에 나온 아주 유명한 '질량 – 에너지 등가 관계식'은 '$E = M \cdot C^2$ (E = 에너지, M = 질량, C = 빛의 속도)'이다. 내가 지금부터 설명할 공식도 이와 비슷하게 보이지만, 각각의 값이 갖는 의미는 다르다. 나는 노력과 집중력의 관계를 다음과 같은 '노력의 능률 함수'로 말하고 싶다.

$$E = M \cdot T \cdot C^2$$

(E = 노력의 능률, M = 자기 관리 능력, T = 절대적 시간의 비율, C = 집중력)

공부를 잘하기 위해서는 자기 관리 능력, 절대적 시간의 비율, 그리고 집중력 전부다 중요하다. 하지만 이 세 가지 중에서 노력의 능률값에 가장 큰 영향을 끼치는 것은 무엇이겠는가. 바로 집중력이다.

수학적으로 자기 관리 능력과 절대적 시간의 비율은 그 값만큼만 영향을 끼치지만, 집중력은 제곱의 값으로 영향을 미치기 때문에 집중력이 어느 정도냐에 따라 노력의 결과값에 큰 차이가 나타난다. 그러므로 집중력의 차이가 결국 우등생이냐, 아니냐를 결정한다.

같은 양의 공부하더라도 공부를 끝낼 수 있는 시간(S_T)은 노력의 능률(E)에 반비례한다. 즉, 집중력에 반비례한다.

$$S_T \propto \frac{1}{E}$$

구체적인 값을 가지고 표로 살펴보면 다음과 같다.

	M (자기 관리 능력)	T (절대적 시간의 비율)	C(C^2) (집중력)	E (노력의 능률)	S_T (공부를 끝내는 시간)
X	1	1	1 (1)	1	$\frac{1}{1}$시간 = 60분
Y	1	1	2 (4)	4	$\frac{1}{4}$시간 = 15분
Z	1	1	3 (9)	9	$\frac{1}{9}$시간 = 약 6.6분

예를 들어, X, Y, Z 세 학생이 있는데 표에서와 같이 자기 관리 능력(M), 절대적 시간의 비율(T)이 동일하고, 집중력(C)만 다르다고 하자. 집중력이 어느 정도냐에 따라 공부를 끝내는 시간에 엄청난 차이가 생겨난다.

위의 표와 같이 X가 같은 양의 공부를 1시간(60분)만에 끝낸다고 가정할 경우 Y는 15분(=60분×1/4), 그리고 Z는 약 6.6분(=60분×1/9)만에 끝낼 수 있다. 이는 공부 분량이 많을수록 더 많은 차이가 벌어진다. 이를테면, X가 같은 양의 공부를 5시간만에 끝낸다고 가정할 경우 Y는 1시간 25분, Z는 33분만에 끝낼 수 있다.

이와 같이 같은 공부를 하더라도 '얼마만큼 집중력이 있느냐'에 따라 끝내는 시간이 엄청나게 달라진다. 5시간이 지나도록 공부를 끝내지 못한 사람이 무능력한 것처럼 보겠지만, 1시간만에 끝내는 사람이 집중력이 더 높다고 생각하는 것이 옳다. 5시간이 지나도 공부

를 끝내지 못한 사람도 집중력을 키운다면 얼마든지 1시
간만에 공부를 끝낼 수 있다.

집중력을 높이는 방법

지금부터는 집중력을 향상시킬 수 있는 비밀을 알려
주고자 한다.

독서를 많이 하라

집중력을 높이는 가장 좋은 방법은 독서를 하는 것이
다. 어릴 때부터 부모님과 선생님에게 귀에 못이 박히도록
많이 듣는 말 중에 하나가 바로 '책을 많이 읽어라' 일 것
이다. 나도 어릴 때부터 귀가 따갑도록 들어왔던
말이지만 결코 행동으로 실천하지는 못했다.
그때는 무슨 생각으로 책을 읽지 않았는
지 모르겠지만, 지금은 무척 후회스럽
다. 그래서 책을 읽지 않는 학생이 있다
면 도시락을 싸가지고 다니면서까지 독서하라고
권하고 싶다.

안타깝게도 대부분 학생들은 '독서를 해야 하는 것' 으
로 알고 있지만, '왜 해야 하는지' 를 잘 모르는 것 같다.

독서를 해야 하는 이유를 어느 누구 하나 확실히 가르쳐 주지도 않고, 독서를 하는 학생도 책을 읽는 까닭을 모르니, 과연 독서를 하는 진정한 의미가 있겠는가. 게다가 고학년이 될수록 책을 읽을 시간이 더욱더 없어져서 독서와 멀어지게 되고, 그만큼 집중력을 향상할 수 있는 기회도 줄어들게 된다.

그렇다면 왜 독서가 필요한가.

첫째, 사고력과 창의력 신장 그리고 가치관 형성에 도움을 받을 수 있다.

둘째, 간접 경험을 통해 지혜를 얻을 수 있다.

셋째, 많은 교양 지식과 정보를 얻을 수 있다.

이것은 다들 아는 일반적인 답변이고, 독서를 하는 가장 중요한 이유는 집중력이 크게 향상되기 때문이다. 지금까지 나는 많은 학생들을 가르쳤는데, 소위 명문대에 입학한 학생들을 살펴보면 한 가지 공통점이 있다. 평상시에 독서를 많이 한다는 것이다.

나에게는 중학교와 고등학교 시절에 K라는 친구가 있었다. 이 친구는 중학교 때까지 학교에서 중위권을 유지했다. 그때까지만 하더라도 크게 두각을 나타내거나 공부를 잘하지 못했지만, 고등학교에 진학하고 나서부터는 상황이 달라졌다. 다른 학생들은 많아진 교과목과 어려워지는 학습 때문에 힘들어 하고 성적이 떨어졌지만, 이 친구는 오히려 고등학교 때 최상위권에 오르더니 결국 명문대에 합격하는 영광을 누렸다.

남들은 이 친구가 단순히 고등학교에 가서 중학생 때보다 더 열심히 공부했기 때문에 그만큼 좋은 결과가 나왔다고 했지만, 결코 옳은 답은 아니다. 내가 봤을 때는 중학교 때와 고등학교 때 공부하는 것에 크게 차이가 없었다.

이 친구가 고등학교 때 공부를 잘할 수 있었던 가장 큰 이유는 바로 집중력이 가진 보이지 않는 효과가 고등학교 때 비로소 나타났기 때문이다. 집중력이 공부에 미치는 영향은 이미 앞에 나온 노력의 결과 함수 부분에서 말하였다.

반면, 내 경우는 어릴 때부터 독서를 하지 않아 중학교 때 최상위권을 유지했다가 고등학교에 진학하고 난 후 중위권에 머물렀다. 솔직히 중학교 때까지 책을 읽을 필요성을 그다지 느끼지 못했다. 당시만 하더라도 국어를 암기 과목으로 생각했고 참고서나 학교에서 배우는 내용만으로도 충분했다고 생각했다. 하지만 문제는 고등학교에 올라오고 나서부터 시작되었다.

고등학교에 올라와 수능이라는 제도가 본격적으로 시행되면서 국어 점수가 끝을 모르고 떨어졌다. 떨어지는 점수도 원망스러웠지만, 시간 안에 문제를 다 풀어내지 못하는 나 자신이 더 한심스러웠다.

수능을 공부해 본 학생이라면 언어 영역을 정해진 시간에 완벽하게 풀어내기란 쉬운 일이 아님을 알 것이다. 어릴 때부터 책을 많이 읽지 않다 보니, 남들보다 글 읽는 속도가 떨어지고, 이해력도 부족했으며, 모든 문제를 시간 안에 풀어내기란 거의 불가능했다. 그래서 결국 선택한 길은 시험 종료 5분을 남긴 상황에서 절반 이상 풀지 못한 문제의 답을 무작정 찍는 것이었다.

이런 무모한 행동과 심리적 불안은 결국 나머지 시험에까지 막대한 영향을 끼쳤다. 고등학교 '국어, 영어, 수학' 첫 시험에 전교 10등 안에 들었던 나는 수능 모의 고사를 치르고 전교 200등 밖으로 순식간에 밀려났다.

언어 영역에 대한 높은 장벽은 그 후로도 계속 넘기 힘들었고, 재수, 삼수까지 이어졌다. 마지막 수능 시험을 볼 때도 언어 영역을 제외한 나머지 과목에서는 우수한 점수를 얻었다. 하지만 언어 영역이라는 한 과목이 결국 인생의 첫 번째 갈림길인 수능에서 발목을 잡는 요인이 되었다. 시험을 보고 나서 땅을 치며 후회했지만 돌아오는 것은 책을 읽지 않은 자신을 원망하는 것밖에 없었다.

여러분은 어떠한지 생각해 보라. 책을 안 읽는 것을 아무렇지 않게 생각하는 사람도 많을 것이다. 하지만 시간이 지날수록 결국 돌아오는 것은 후회밖에 없음을 명심하기 바란다.

솔직히 독서가 지금 당장 눈에 띄는 효과는 없다. 하지만 오래된 술이 깊은 맛을 내듯이 독서는 시간이 지날수록 그 진가를 발휘한다. 그래서 어릴 때부터 책을 꾸준히 많이 읽어야 한다. 독서로 집중력과 이해력을 키우는 것은 하루아침에 몇 권의 책을 읽고 얻을 수 있는 것이 절대 아님을 기억하라.

그렇다면 학생들이 책을 읽기 싫어하는 가장 큰 이유는 무엇일까? 내 경우 어머니께서 어릴 때 공부에 도움이 되라고 형, 누나들이 읽었던 두껍고 어려운 책들을 주셨다. 만화책을 읽으라고 해도 싫어하던 때에 그런 책들을 읽으라고 하셨으니, 나에게는 수면제와 다름이 없었다. 그런 책들을 읽으면서 책이라면 다 어렵고 재미없다고만 생각을 했기에 책을 멀리하게 되었는지 모른다.

나는 학생들에게 불량한 내용을 담고 있는 나쁜 책이 아니라면 어떤 책이든 다 읽으라고 권하고 싶다. 무엇보다 책에 흥미를 갖고 조금씩 꾸준히 읽어나가는 것이 중요하다. 사람마다 독서 수준 능력이 다르기 때문에 읽고자 하는 책도 다르다. 그러므로 흥미를 가질 수 있는 책이라면 꾸준히 읽기 시작하라. 흥미가 있으면 관심을 가지게 되고 읽기 시작하면 재미를 알게 된다.

하지만 반드시 주의해야 할 것이 있다. 나쁜 책을 제외하고 어떤 종류의 책이라도 읽어도 된다고 해서 항상 제자리걸음만 해서는 안 된다. 만화책이라도 읽으라고 권한 것은 책과 친밀함을 느끼게 하기 위해서이지 항상 그 수준에 머물라는 뜻이 아니다.

자신이 생각했을 때 어느 정도 책 읽기가 재미있어졌고 독서 능력이 향상되었다면 더 수준 높은 단계로 올라가는 것이 현명하다. 독서 수준이 점차 높아질 때 상식도 많아지고 이해력이 커지는 등 스스로 많은 발전을 할 수 있다는 것을 꼭 염두에 두어야 한다.

그렇다면 책은 어떤 방법으로 읽어야 하는가. 책을 읽는 방법에는 여러 가지가 있지만, 그 중 내가 효과적으로 즐겨 쓰는 방법은 속독과 발췌독 그리고 정독이다.

속독은 말 그대로 책을 빨리 읽는 방법이며, 발췌독은 자신에게 필요하거나 중요한 부분을 선택해 읽는 것이고, 정독은 자세히 읽는 것을 말한다. 나는 책을 읽을 때 동시에 이 세 가지를 이용한다.

나에게는 책을 읽을 때 항상 목차를 먼저 보는 습관이 있다. 목차를 보고 책이 어떻게 구성이 되어 있는지 파악한 다음에는 나에게 필요한 부분을 눈여겨 본다. 그리고 책을 읽어 나갈 때 필요 없는 부분은 속독하고, 필요한 부분에서는 정독을 하며 완전히 이해할 수 있도록 한다. 책이 불필요하게 두꺼운 경우는 원하는 부분만 선택하는 발췌독을 한다. 이렇게 하면 2~3시간 안에 모든 책을 읽을 수 있고 중요한 내용도 파악할 수 있다. 이를 달리 설명하면 책을 읽는 요령으로 스캐닝(Scanning) 방법과 스키밍(Skimming) 방법을 이용한다.

스캐닝 방법은 속독법과 달리 어떤 질문의 문제나 핵심만을 놓고 필요한 답만 찾아내는 것을 말한다. 이때 가장 중요한 것은 자신이 무엇을 찾고 있는지 생각하는 것이다. 이러한 예측을 하면서 글을 읽으면 불필요한 부분은 건너뛰며 필요한 부분만 찾아서 읽을 수 있다.

스키밍 방법은 중요한 부분은 자세히 읽고 나머지 부분은 대강 읽는 것을 말한다. 이는 필요한 정보를 찾아 읽는 스캐닝 방법과는 조금 차이가 있다. 스키밍 방법을 사용하고 싶다면 전체적으로 자신이 무엇을 알아야 하는지 파악해야 한다. 그런 다음 차례를 보고 자신의 질문에 답변이 될 만한 것을 선택하며 책을 읽어나가다가 원하는 부분이 나오면 자세히 읽으면 된다.

짧은 시간에 많은 정보를 얻기 원한다면 '속독＋발췌독＋정독' 혹은 '스캐닝＋스키밍 방법'을 복합적으로 사용하며 책을 읽는 것이 좋다.

책을 많이 읽으면 집중력이 저절로 향상되고 속독법을 따로 배우지 않아도 속독, 정독, 발췌독을 할 수 있다. 또한 이해력이 높아져 짧은 시간 동안 많은 정보를 읽고 파악해 낼 수 있고, 이는 궁극적으로 공부를 잘하는 효과로 나타난다.

심신을 안정시켜라

나는 재수를 하던 시절 6개월 정도 입시 학원을 다니면

서 단전호흡을 가르치는 학원도 같이 다닌 적이 있다. 집
중력을 키워야 한다는 생각보다 입시 불안에서 벗어나 마
음을 안정시키고자 단전호흡을 시작하게 되었다. 시작은
심리적 안정을 위해서였지만, 나중에는 집중력을 향상하
는 데 많은 도움을 받았다.

단전호흡(丹田呼吸)이란 단전(배꼽 아래 약 3~5cm 되는 곳
을 이르는 말)으로 호흡하여 기를 모으는 것이다. 단전호흡
을 통한 명상은 잘못 배우면 해가 되기 때문에 전문 학원
의 도움을 받는 것이 좋다. 이 외에도 심신을 안정시킬 수
있는 다른 것이 있다면 권하고 싶다.

공부할 수 있는 환경을 만들어라

독일의 심리학자 레빈은 그의 저서 『토폴로지 심리학
의 원리』에서 '생활공간' 이라는 용어를 썼으며, 생활공간
은 개인에게 행동 목표가 되고, 인격은 환경과의 지속적인
상호 작용을 통해 성숙되며 발달된다고 했다. 즉, 그는 인
간의 행동을 인격과 환경의 함수관계로 생각했으며, 환경
은 인간의 행동과 인격에 영향을 주므로 매우 중요하다고
했다.

집중력 또한 환경에 많은 영향을 받는다. 그러므로 어
느 장소가 자신에게 공부가 가장 잘되는지 찾아야 한다.

- 자신만의 공부방을 만들어라.
- 책상을 원하는 위치에 배치하되 가능한 한 구석진 곳 벽면을 이용하라.
- 책상 앞에 자극이 될 만한 글귀나 계획표를 붙여라.
- 눈에 피로가 오지 않는 500~700럭스 정도 스탠드 조명을 이용하라.
- 공부에 필요한 물건들은 가까운 곳에 놓아라.
- 허리를 보호하고 오랫동안 앉아 있어도 피로가 오지 않는 의자를 사용하라.
- 공부에 도움이 되지 않는 물건과 책들은 치워라.
- 공부방 벽지 색을 고려하라. 색깔은 공부하는 데 의외로 중요한 역할을 하기 때문에 자신이 집중할 수 있는 색깔을 골라라.
- 공부하는 방은 항상 온도를 20~25정도로 유지하여 쾌적하고 서늘하게 하라.
- 공부하는 주위에 좋은 향이 나는 식물인 허브나 방향제를 놓아두라. 은은한 향은 집중력을 배로 높이는 효과를 나타낸다.

내 경우 도서관이 집보다 무려 3배 이상 집중력이 향상되어 공부가 잘된다. 도서관에서 공부하면 학습 환경이 잘 조성되어 있어서 효과적이고, 다른 사람들과 같이 공부함으로써 경쟁 의식을 높이고 긴장감을 가질 수 있다. 그렇지만 집에서 공부가 더 잘되는 학생도 있을 것이다. 이렇듯 공부에 집중할 수 있는 환경은 각각 다르기 때문에 자신에게 가장 좋은 환경을 찾거나 만들어야 한다.

잠을 적당히 자고 숙면을 취하라

독서, 음악, 단전호흡, 그리고 공부 환경 등 외적인 요소도 집중력을 높이는 데 중요한 역할을 하지만, 무엇보다 집중이 잘되게 하는 것은 내적 요소인 맑은 정신력이다. 맑은 정신을 갖기 위해서는 잠을 적당히 자고 숙면을 해야 한다.

잠을 충분히 못 잔 사람은 아무리 좋은 외적인 요소를 가지고 있다고 할지라도 절대 집중력이 높아질 수 없다. 그러므로 적당한 시간 숙면을 함으로써 깨어 있는 시간만큼은 맑은 정신으로 누구보다도 치열하게 순간순간을 살아야 한다. 수면에 관해서는 제6장에서 자세히 설명하도록 하겠다.

여기서 반드시 명심할 것이 한 가지 있다. 눈에 보이지 않는 집중력만큼은 남한테 돈을 주고도 살 수 없고, 어느 날 갑자기 늘어나는 것도 아니다. 집중력 만큼은 확실한 목표를 세우고 절대적인 시간을 들여 인내심을 가지고 꾸준히 노력해야 얻을 수 있음을 기억하라.

- 자기 전에 간단한 스트레칭을 한다.
- 취침 전 적당한 양의 미지근한 우유 한 잔을 마신다(단, 카페인이 든 것은 삼간다).
- 미지근한 물에 몸을 담가 긴장감을 푼다.
- 조용하면서 반복적인 리듬의 음악을 듣는다.
- 올바른 잠자리 습관을 만든다.
- 잠깐의 명상을 한다.
- 낮잠은 될 수 있는 한 피하고, 잔다면 토막잠(20~30분)을 이용한다.
- 방 온도는 적당하게 유지하고 쾌적한 환경을 만든다.
- 자신에게 알맞은 높이의 베개를 벤다.
- 정해진 시간에 자고 일어난다. 즉, 규칙적인 생활을 한다.

공부에 **시너지 효과**를 **발휘**하라

시너지(Synergy)란 분산 상태에 있는 집단이나 개인이 서로 적응하여 통합되어 가는 과정을 말하며, H. I. 앤조프라는 사람이 시스템 에너지(System Energy)란 말을 줄여서 만든 개념이다. 둘 이상의 요소가 유기적으로 잘 결합하여 시스템으로 작용하면 그 이상의 힘을 나타내는데, 이런 유기적인 힘으로 나타나는 결과를 시너지 효과(Synergy Effect) 혹은 상승 효과라고 말한다.

예를 들어, 포도원과 양봉장의 관계를 생각해 보면 시너지 효과를 쉽게 알 수 있다. 이 둘은 따로 있어도 된다. 하지만 포도원과 양봉장이 서로 가까이 있을 경우 양봉장은 벌들이 가까운 곳에서 꿀을 더 많이 빨리 따와서 더 좋고, 포도원은 벌들이 많이 와서 수정을 해 주니까 수확이 더 많아져서 더 좋다. 포도원과 양봉장이라는 구성 요소는 하나씩이지만, 이 둘이 합쳐지면 그 이상의 많은 효과가 나타난다.

이러한 시너지 효과를 공부에서도 발휘한다면 1시간을 투자하더라도 그 이상의 결과를 기대할 수 있다. 이것이 바로 보이지 않는 1%요, 천재들이 쓰는 방법이기도 하다. 공부할 때 시너지 효과를 낼 수 있는 것을 지금 당장 생각해 보라.

음악 이용하기

공부할 때 음악을 들으면 집중뿐만 아니라 시너지 효과를 발휘하는 데도 많은 도움이 된다. 이것이 바로 '배경 음악 효과'이다.

내가 고등학생이었던 시절 '뇌파 학습기'라는 제품이 학생들에게 인기 있는 품목 중 하나였다. 이 제품의 기능은 '뇌에 가장 적합한 릴랙스 프로그램을 사용하여 일시적 자극으로 집중력을 향상하는 것'이었다. 그 원리로는 알파파를 이용했다.

우리 뇌에는 여러 가지 뇌파가 있다. 잠잘 때 나타나는 델타파와 활동할 때 나타나는 베타파 그리고 명상을 할 때 주로 나타나는 알파파 등이 그것이다. 이 중에서 수험생에게 가장 중요한 뇌파는 알파파인데, 알파파는 긴장을 풀고 마음이 평온한 상태로 명상을 할 때 가장 많이 나타난다고 한다. 그렇지만 공부하는 수험생에게는 입시와 공부로 생긴 스트레스 때문에 알파파를 찾기 힘들다고 한다.

'뇌파 학습기' 라는 제품은 깜박거리는 빛과 소리의 특징을 이용해 특정 뇌파인 알파파를 이끌어 냄으로써 공부가 잘되게 해 준다는 이론을 도입한 기계다. 쓰는 사람마다 다르겠지만, 내 경우 뇌파 학습기를 이용해 성적을 향상시키기가 쉽지 않았다.

그래서 대안책으로 배경 음악 효과를 사용했다. 처음에는 공부에 재미를 갖기 위해 음악을 들었는데 시너지 효과가 나타났다.

1981년 노벨 의학상을 수상한 정신생물학자 로저 스페리(Roger W. Sperry)는 좌뇌와 우뇌의 모형 연구에서 좌뇌와 우뇌의 서로 다른 역할을 처음으로 제시하였다. 그의 학설에 의하면, 우뇌는 감성 또는 이미지 뇌라고 불리며, 음악, 회화, 도형, 색채 등 감성적인 것을 담당하고, 좌뇌는 논리 또는 언어적인 뇌라고도 하며, 언어, 분석, 계산 등 논리적 사고를 담당한다.

공부를 할 때는 주로 논리적 사고를 계속하기 때문에 좌뇌를 이용하게 되지만, 음악을 들을 때는 감성을 자극하기 때문에 우뇌를 쓰게 된다. 그러므로 음악을 들으면서 공부를 하면 양쪽 뇌를 전부 사용하기 때문에 한쪽 뇌를 사용할 때보다 공부에 대한 시너지 효과가 더 크게 나타난다.

나는 특히 수학을 공부할 때는 음악이 지루함을 없애주고 집중력을 키워주며 양쪽 뇌를 다 같이 사용하게 해주어서 큰 시너지 효과를 볼 수 있었다. 하지만 다른 과목은 오히려 역효과가 나타났다. 과목마다 다른 특성이 있기 때문이다. 자신에게는 어느 과목을 공부할 때 음악이 도움이 되는지 체험해 보고 쓰는 것이 좋다.

시너지 효과를 얻는 그밖의 공부 방법

음악을 이용한 방법 말고도 '그룹 스터디'나 '노트 이용법' 등이 공부에 시너지 효과를 나타낸다. 그룹 스터디는 멤버를 잘 구성하면 시너지 효과가 나타난다. '분배 학습법'을 통하여 공부하면 인원에 따라 그 이상의 효과를 볼 수 있다. 분배 학습법은 이 책 제3장 우등생 십계명 중 '6. 그룹 스터디를 하라'를 참고하기 바란다.

노트 정리법도 공부에 대한 시너지 효과를 얻기 위한 좋은 방법이다. 노트 정리를 완성하기 전까지는 시너지 효과를 보기는 힘들다. 하지만 일단 필요에 따른 오답 노트,

요약 및 정리 노트 등을 완성하여 공부하면 시험을 볼 때 시너지 효과가 크게 나타난다.

나는 전체적으로 책을 대강 빠르게 읽어 본 후 항상 잘 정리한 노트부터 공부하는 습관을 가지려고 했다. 내가 만든 노트는 나에게 가장 필요한 정보들로만 구성되어 있기 때문에 노트를 통해 기본 핵심 내용을 숙지하고 나에게 있는 문제점과 취약점을 파악했다. 그리고 나서 책이나 문제집을 통해 실수를 줄여나가고 보완했다. 그랬더니 짧은 시간에 공부를 하고도 시험을 잘 볼 수 있었다.

이렇게 하나가 아닌 둘 이상의 공부 방법을 접목하면 시너지 효과가 나타나 짧은 시간에 많은 공부를 할 수 있다.

공부에 대해 프로 의식을 가져라

프로란 프로페셔널(professional)의 준말로서 어느 분야에서 뛰어난 능력을 발휘하는 사람을 의미한다. 프로라는 말은 운동선수뿐만 아니라 각 분야에서 탁월한 실력을 가진 사람에게 사용할 수 있다.

오늘날은 뭐든지 전문화되는 프로의 시대가 되었다. 어떤 분야에서든 프로가 되지 않으면 살아남기 힘들고, 그 분야를 이끌어 나갈 수 없다.

그러나 프로가 되는 것은 결코 쉬운 일이 아니다. 끊임없는 노력과 함께 철저한 프로 의식을 가지고 행동으로 옮길 줄 아는 사람만이 프로가 될 수 있다.

프로와 반대되는 개념으로 아마추어라는 말이 있다. 아마추어란 뛰어난 재능과 실력을 갖추기보다 어느 정도만 즐기고 대강하는 사람을 말한다. 그렇다면 프로와 아마추어 사이에 어떤 차이가 있을까?

프로와 아마추어의 차이 

- 프로는 뚜렷한 목표가 있지만, 아마추어는 목표가 없다.

- 프로는 행동을 보여 주지만, 아마추어는 말로 보여 준다.

- 프로는 결과보다 과정을 중시하지만, 아마추어는 결과에 집착한다.

- 프로는 시간을 관리하지만, 아마추어는 시간에 끌려 다닌다.

- 프로는 '난 꼭 할거야.'라고 말하지만, 아마추어는 '난 하고 싶었어.'라고 말한다.

- 프로는 Know-Where를 생각하지만, 아마추어는 Know-How를 생각한다.

- 프로는 질을 생각하지만, 아마추어는 양을 생각한다.

- 프로는 자기 의지에 따라 움직이지만, 아마추어는 현상을 그대로 받아들인다.

- 프로는 평소에 열심히 노력하여 구슬땀을 흘리지만, 아마추어는 놀다가 식은땀을 흘린다.

- 프로는 실패도 성공의 발판으로 생각하지만, 아마추어는 실패하면 망한다고 생각한다.

이처럼 보이지 않는 엄청난 차이가 바로 프로와 아마추어를 만든다. 여러분은 공부에 프로인가, 아마추어인가 생각해 보라.

미안한 말이지만, 대부분은 프로보다는 아마추어에 해
당한다. 프로가 되는 것은 쉬운 일이 아니기 때문에 많은
학생들이 쉽게 포기하고 만다. 그러나 학생에게도 프로가
되기 위한 프로 의식이 필요하다.

다음 일화는 프로 의식이 무엇인지를 잘 보여 준다.
'다비드' 상과 '최후의 심판' 으로 유명한 이탈리아의 천재
화가이며 조각가인 미켈란젤로의 이야기다.

과거 베네치아의 한 귀족이 미켈란젤로에게 자신의 흉
상을 그려달라고 부탁했다. 미켈란젤로는 부탁을 받은 지
나흘 만에 그림을 완성했고, 그 귀족에게 지금 돈으로 백
만 원에 해당되는 금화를 요구했다. 그러자 귀족은 나흘
만에 완성한 작품 치고는 비싸다는 이유로 화를 내며 미켈
란젤로에게 지불을 꺼렸다. 그러자 미켈란젤로가 귀족에
게 이렇게 대답했다.

"당신은 잊고 있는 게 있습니다. 그것은 나흘 만에 흉
상 그림을 완성할 수 있도록 제가 지난 30년 동안 실력을
쌓아왔다는 것입니다."

미켈란젤로가 짧은 시간 동안 완벽하게 그림을 그리기
위해서 30년 동안 묵묵히 실력을 쌓아온 것은 프로 의식
이 없다면 결코 해내지 못했을 일이다.

공부도 마찬가지다. 아마추어 단계를 거치지 않고 프로가 될 수는 없다. 비록 30년이라는 긴 시간을 투자하지는 못하겠지만, 중·고교 시절 최선을 다해 실력을 쌓아야 한다. 원하는 대학에 들어가려면 모든 노력을 쏟아부어야 한다.

학교에서 어떻게 생활하고 공부해야 하나요?

● 절대 졸면 안 된다. 항상 맑은 정신으로 모든 수업 시간에 학습 내용을 완벽히 이해하려 해야 한다. 혼자 10시간 공부하는 것보다 수업 한 시간을 잘 듣는 것이 훨씬 효율적이다.

● 수업 시간에 자신만의 방법으로 필기하라. 선생님이 칠판에 써 준 것을 글자 하나 틀리지 않고 적는 것은 노트 필기가 아니다. 설명을 이해 한 후 핵심을 찾아 판서 내용과 함께 자신만의 방법으로 요약, 정리하는 것이 좋다.

● 수업 시간에 집중하라. 수업 시간에 다른 것을 하면 그것을 보충하기 위해 나중에 혼자 더 많은 시간과 노력을 투자해야 한다.

6

공부에도
법칙이 있다

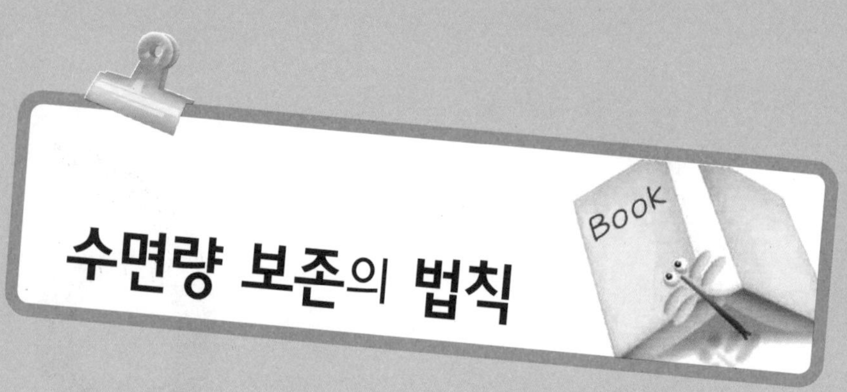

공부하는 학생들에게 있는 가장 큰 고민거리 중 하나는 바로 '잠'이 아닐까 생각한다. 공부를 많이 하기 위해서는 절대적으로 시간이 필요한 것이 사실이고, 그러려면 잠을 줄여야 하기 때문이다. 하지만 공부를 하다 보면 육체적으로나 정신적으로 피곤하기 때문에 자꾸 눈이 감긴다. 잠을 더 자면 그만큼 공부하는 양이 줄어들므로 학생들은 잠을 줄여야 할지 말아야 할지 딜레마에 빠지게 된다.

이에 대한 나의 의견은 다음과 같다. 정말 중요한 시험이 있어 잠을 줄일 수밖에 없는 상황이라면 하루, 이틀 혹은 본인이 버틸 정도까지만 잠을 줄이면서 공부해도 괜찮다. 하지만 가급적 잠을 줄이지 말고, 평상시에 적당한 시간 숙면을 하면서 공부하라고 강조하고 싶다.

적당한 숙면 시간은 학생들마다 다르겠지만, 일반적으

로 7시간 정도가 적합하다는 펜실베니아 대학의 연구 결과가 나왔다. 물론, 7시간 잘 때 공부할 양을 다 처리하지 못한다고 생각되면 6시간 정도까지 잠을 줄여도 괜찮고, 좀 더 수면량을 늘리고 싶다면 7시간 30분까지만 자라고 이야기하고 싶다.

그렇다면 공부를 위해서 왜 적당한 시간 동안 잠을 자야 하는가?

위에서 말한 만큼 자면 공부해야 할 분량을 다 끝마칠 수 없을 것 같다는 의구심이 생길 수 있다. 그러나 '집중력을 높이면 부족하게 여겨지는 시간 동안에도 얼마든지 많은 분량을 공부할 수 있음'을 제5장에서 노력의 능률값에 따른 공부 시간량을 설명하면서 이미 충분히 말하였다.

나는 고등학교 1학년 시절, '4시간 자면 합격하고, 5시간 자면 떨어진다.'는 말을 믿고 하루에 2시간만 자면서 공부했다. 처음 한 달 동안은 2시간만 자도 학교생활을 하는 데 전혀 문제가 없었다. 오히려 남들보다 더 많은 시간 공부했다는 뿌듯함에 자신이 자랑스럽기까지 했다. 이런

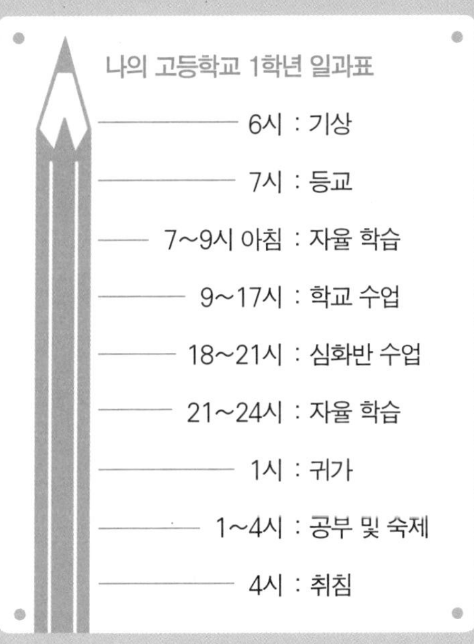

뿌듯함과 오르는 성적, 그리고 부모님의 격려 때문에 잠을 늘리기보다는 더 줄이면서 공부해야겠다는 미친(?) 생각을 하게 되었다.

공부를 어느 정도 포기했다면 2시간씩만 자는 대신 수면량을 늘렸을텐데…. 나는 자신에게 스스로 한 약속을 지키지 못하는 것이 당시에는 너무 부끄럽다고 생각했고, 오기 때문에 정신력으로 버텨보자는 다짐을 하면서 힘든 학교생활을 계속하게 되었다.

잠을 2시간 자고 학교생활을 하다 보면 다음과 같은 신체 현상들이 일어난다. 처음에는 눈이 감기기 시작하다가 어느덧 눈이 다 감겨 졸고 있지만, 졸고 있다는 사실조

차 인식하지 못하게 된다. 그러다 선생님한테 걸려 맞기라도 하면 절대로 눈만큼은 감지 않아야겠다고 다짐하게 된다. 그러다 보면 수업에 열중하는 것이 아니라, 어떻게 하면 졸지 않고 눈을 뜰 수 있을까라는 데 초점이 맞춰져 결국 수업은 수업대로 못하고 잠은 잠대로 못자는 일이 벌어진다.

의학적으로 어떤 이유가 있어서인지 모르겠지만, 잠을 이겨내려 하다 보면 침이 마르게 되고, 머리와 목이 만나는 지점에서 통증이 나타난다. 그리고 마침내는 정신이 멍해진다.

내 경우 잠을 이겨내면서 신체적으로 가장 힘들었던 것은 머리와 목이 만나는 지점에서 발생한 통증이었다. 아무리 파스를 붙여도 통증이 가라앉는 것 같지도 않고, 그렇다고 병원에 가기에는 약한 통증인 것 같았다. 결국 나중에 병원에 가서 X-ray 검사를 받아 봤지만, 특별한 징후는 발견할 수 없었다. 사정이 이러하다 보니 학창 시절 누구한테 말도 못하고 눈에 보이지 않는 통증으로 고통받아야 했다.

잠을 못잔 몽롱한 상태로 학교에 가서 수업을 듣다 보니, 많은 것을 배운 것 같았지만 기억에는 하나도 남는 것이 없고, 집에 오고 나서야 정신이 맑아졌다. 그때부터 나는 학교에서 보낸 시간들을 후회하며, 집중하지 못해 배우지 못했던 것들을 복습하고, 두세 시간만 잠을 자는 어리석은 짓을 반복했다.

어느덧 예습을 하던 나는 복습만으로도 시간이 부족하게 되었다. 일과는 학교에 가서는 비몽사몽 헤매고, 집에 와서 독학하는 불행한 사이클이 만들어졌다. 하지만 학교에서 잠을 자는 한이 있어도 집에서 늦게까지 공부하지 않으면 안 된다는 불안감 때문에 무려 1년이란 시간을 이런 불행한 사이클로 허송했다.

이런 경험을 토대로 공부를 잘하는 방법을 연구하다가 발견하게 된 것이 바로 '수면량 보존의 법칙(Law of Conservation of Sleep)'이란 것이다. 수면량 보존의 법칙은 고등학교 화학 시간에 나오는 프랑스 과학자 라부아지에의 '질량 보존의 법칙'과 거의 흡사하다.

질량 보존의 법칙은 화학 반응 전 물질의 총 질량은 반응 후 생성된 물질의 총 질량과 같다는 것이고, '수면량 보존의 법칙'은 밤에 잠을 줄이고 공부하거나 놀면 그 다음날 반드시 모자란 잠을 보충하게 되므로 잠의 총량에는 변화가 없다는 것이다.

잃는 것이 있으면 그만큼 채워야 하는 것이 있게 마련이다. 무리하게 잠을 줄여가면서 공부하는 학생들이 있다면 제발 지금 이 순간부터 잠에 대한 잘못된 이해와 습관을 고치기 바란다.

반드시 명심하라. 잠이 부족할 경우 더 깊게 잔다고 해도 부족한 잠을 다른 무엇으로 채울 수는 없다. 잠이 부족하면 낮동안 정신활동이 저조하게 되고, 장기간 수면이 부족하면 결국 건강을 해치게 된다. 뿐만 아니라 집중력, 판단력, 기억력 등이 현저하게 저하되므로 오히려 공부에 방해가 된다. 만일 낮에 졸음이 많이 오거나 학습 능률이 떨어진다면 토막잠(15~20분)을 이용하는 것이 좋다. 하지만 이런 토막잠도 밤잠을 대신할 수 없음을 꼭 기억하기 바란다.

> 적당한 수면(6~7시간) → 맑은 정신력 → 집중력 향상 → 공부 효율성 극대화 → 이해도 향상 → 시간 절약 → 절약한 시간으로 다른 공부

중요한 것은 '집중력'과 '이해도'이다. 이 두 가지는 적당한 잠을 전제로 한다. 잠을 적당히 자야 집중력도 향상되고, 이해도도 그만큼 빨라지기 때문이다. 집중력과 이해도가 커지면 공부에 대한 효율성이 높아지고, 나중에 따로 시간을 투자해서 복습해야 하는 시간도 줄어든다. 이렇게 절약한 시간을 활용하면 다른 공부를 할 수 있어서 잠을 줄이지 않으면 공부를 다 할 수 없다는 염려에서 해방될 수도 있다.

노력의 능률에 따른 노력 함수

제5장에서 우리는 왜 집중력이 중요한지, 그리고 자기 관리 능력, 절대적 시간의 비율, 집중력이 노력의 능률과 어떤 관계가 있는지 다음 식을 이용하여 수학적으로 알아보았다.

$$E = M \cdot T \cdot C^2$$

(E = 노력의 능률, M = 자기 관리 능력, T = 절대적 시간의 비율, C = 집중력)

여기에서는 '노력의 능률'과 '노력의 결과'는 어떤 관계가 있는지 알아보자. "노력이 기적을 만든다(Practice Makes Perfect!)"란 말이 있다. 열심히 노력한 대가를 얻을 때 쓰는 표현이다.

공부도 그렇다. "No pain, No Gain." 혹은 "Easy Come, Easy Go."라는 속담처럼 노력 없이 얻는 것은 없

다. 노력에 대한 정당한 대가는 고통을 참고 인내했을 때 얻을 수 있다는 것을 잊지 마라.

그럼 어떻게 하면 노력을 통해 성공 확률을 높일 수 있을까? "노력이란 성공의 확률을 높이는 것이다."란 말이 있다. 나는 성공의 확률을 계산하기 위해 노력의 능률값과 그에 따른 노력의 결과값에 대한 상관관계에 대해 연구했고, 노력의 결과 함수라는 것을 찾을 수 있었다.

$$R(E) = e^E \,(E = M \cdot T \cdot C^2)$$

E(Efficiency)는 '노력의 능률'을 의미하고, R(E)(Result)는 '노력의 결과값'을 의미한다. 이 공식은 고등학교에서 배운 '지수 함수'와 같다.

'지수 함수'란 거듭제곱의 지수를 변수로 하고, 정의역을 실수 전체로 확장하여 정의하는 초월 함수를 말한다. 인생과 공부에서 노력에 대한 대가 혹은 결과값은 이 지수 함수 그래프와 같다.

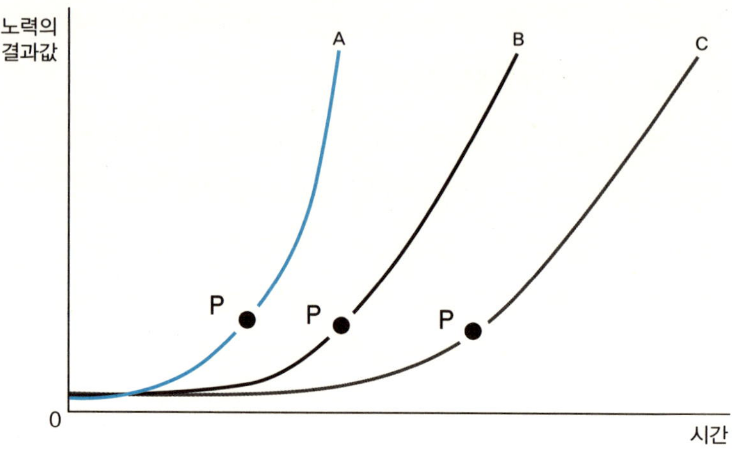

$$R(E) = e^E(E = M \cdot T \cdot C^2)$$

　위 그림은 노력의 능률에 따른 세 학생(A, B, C)에게 나타난 노력의 결과 함수 그래프이다. 그렇다면 이 그래프에 나타난 세 학생의 다른 점은 무엇인가. 크게 두 가지가 있다.

　첫째, 시간에 따른 노력의 결과값이 다르다.
　둘째, 노력의 결과값이 P(Pain Point)가 되기까지 걸리는 시간이 다르다.

　그림과 같이 시간이 지남에 따라 노력의 결과값은 상승한다. 하지만 시간이 지남에 따라 노력의 결과값이 그래프처럼 차이가 나는 이유는 노력의 능률에 차이가 있기 때문이다. 즉, 시간에 따른 노력의 결과값은 노력의 능률과 정비례해서 나타나지 않는다는 것이다.

우리는 여기서 매우 중요한 점을 알아야 한다. 바로 곡선이 P점을 지나는 순간부터 노력의 결과값이 엄청나게 상승한다는 것이다.

어느 시점(P)까지는 시간을 투자해 노력하더라도 예상한 만큼 결과가 나오지 않는다. 그러나 노력한 만큼 기대했던 결과가 빨리 나오지 않더라도 끈기를 가지고 계속해서 노력해야 한다. 인내와 끈기로 계속 노력한다면 그 결과값이 계속해서 조금씩 오르고, P점을 지나는 순간부터 엄청나게 상승한다. P점을 지나는 순간까지 참고 꾸준히 노력하면 성공 확률을 높일 수 있다.

예를 들어, 체육 시간에 줄넘기를 한다고 생각해 보자. 대부분 학생들은 처음부터 이단 줄넘기를 바로 하기가 힘들 것이다. 체육에 소질이 있는 학생은 다른 학생들보다 빨리 방법을 터득할 것이고, 소질이 없는 학생은 방법을 터득하는 데만 해도 많은 시간이 걸릴 것이다. 하지만 한번 방법을 터득하고 나면 그 다음부터는 2개, 3개…를 더 빠른 시간 안에 할 수 있음을 체험할 것이다.

안타깝게도 대부분 사람들은 노력을 해도 그 결과값이 빨리 나오지 않는 현상 때문에 쉽게 포기하고 만다. 시간이 지날수록 '과연 이렇게 노력해서 좋은 결과가 나올까'라는 의구심을 가지게 되고 더 열심히 하기보다는 덜 열심히 하게 된다. A라는 결과가 나올 수 있는데도 A가 B가 되고, B가 C가 되는 현상이 일어나면서 결국 자신이 이루고자 하는 꿈과 목표를 달성하는 데 시간이 그만큼 늦어지는 것이다.

절대적인 시간 동안 어떻게 하느냐에 따라 그 노력의 결과값이 달라지므로, 중요한 것은 반드시 P점을 지날 때까지 최선을 다 하라는 것이다. P점을 지나는 순간 노력의 결과값이 엄청나게 상승하는 현상을 물리학 이론으로 '퀀텀 점프'라 말하고 싶다.

'퀀텀 점프' 이론에 의하면, 원자에 에너지를 가할 때 핵 주위를 도는 전자가 낮은 궤도에서 높은 궤도로 점프하는데, 이 순간 에너지의 준위가 순간적으로 계단을 오르듯 불연속적으로 증가한다. 공부도 이와 마찬가지여서 노력을 했다고 해서 바로 원하는 성과가 나오지는 않는다. 노력이 누적되어서 일정 시간이 지나야 노력의 결과값이 비약적으로 상승된다.

내가 독서에 관해 경험했던 일을 예로 들어 보겠다. 미국에서 대학교를 다닐 때, 처음에는 원서 한 권을 1번 읽는 데 5일 정도가 걸렸다. 그럼 2번 읽으면 10일, 3번 읽으면 15일이 걸린다고 생각하는가?

나는 전공 교과목마다 많게는 10번 정도 책을 읽고 시험을 봤는데, 이런 식으로 계산한다면 5개나 되는 전공 과목 시험 공부를 정해진 시간 안에 끝낼 수 없었을 것이다.

처음에는 시간이 꽤 걸린 것이 사실이지만, 책을 읽을수록
걸리는 시간은 점점 더 짧아졌다. 그래서 2번 읽을 때는 4
일, 3번 읽을 때는 2일, 4번 읽을 때부터는 하루도 걸리지
않았다. 10번째 읽을 때쯤이면 1~2시간이면 충분했다.
이것이 바로 '노력의 결과 함수'에 의한 수치다.

노력의 결과 함수에 관한 비밀

다음 페이지에 나오는 표에서 S곡선은 열심히 노력하는 스타일의 학생을, G곡선은 천재를 가리킨다. P점을 지날 때까지 S는 항상 G보다 노력의 결과값이 낮다. 즉, 평범한 S는 어느 순간까지는 아무리 공부를 해도 천재인 G보다 점수가 낮다. S는 노력의 결과값이 그다지 큰 향상이 없고, G는 노력의 결과값이 그대로 반영된다. S입장에서는 '그래도 노력을 계속해야 하는가?' 라는 의구심을 품게 된다. 이때 S가 의지가 약해져서 얼마 되지 않아 노력을 덜 하면 결국 항상 G보다 못하게 된다.

바로 여기에 비밀이 숨겨져 있다. 직선 AP는 백화점의 '에스컬레이터' 와 같다. 에스컬레이터에 가만히 서 있기만 해도 자동으로 올라가듯이, 천재들은 직선 AP 구간에서 열심히 하지 않아도 공부만 하면 보통 사람보다 항상 잘하게 된다.

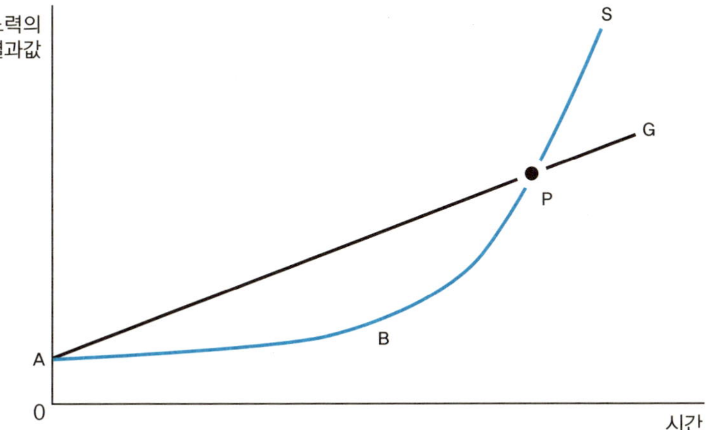

반면, 곡선 ABP는 헬스 클럽의 '런닝머신'과 같다. 만약 여러분이 런닝머신에서 뛰고 있다가 달리기를 멈춘다면 어떻게 될까? 바로 금방 뒤로 밀려나며 런닝머신에서 떨어질 것이다. 그 이유는 런닝머신의 벨트가 계속해서 돌고 있기 때문이다.

곡선 ABP 구간은 런닝머신처럼 계속해서 돌아가고 있기 때문에 이 구간에서 열심히 하지 않으면 노력의 결과값은 다시 제자리걸음을 하게 된다. 노력을 안 하면 현상 유지를 하는 것이 아니라, 계속 해서 원점으로 되돌아간다. 비록 열심히 해서 노력의 결과값이 조금씩 상승한다고 하더라도, 시간이 지날수록 곡선의 기울기가 점점 커지기 때문에 보통 열심히 해서는 안 된다. 전보다 훨씬 더 열심히 해야 현상 유지를 하거나, 노력의 결과값을 조금 더 상승시킬 수 있다.

하지만 언제까지나 보통 사람이 천재를 이기지 말란 법은 없다. 보통 사람이 죽을 힘을 다하여 노력해서 P점을 통과하는 순간, 천재보다 더 뛰어난 사람이 될 수 있다. 반면, 노력을 하지 않는 천재는 그 결과값이 기울기가 점점 낮아지는 직선 그래프처럼 되고 만다.

S곡선이 P점을 통과하는 순간 런닝머신이 에스컬레이터로 변신하는 일이 일어난다. 그 후에는 성공가도를 달리게 되는 것이다. 옛말에도 있듯이 '고진감래(苦盡甘來)'가 이루어지는 순간이다.

나는 이런 현상을 'AIDS(Acquired Inventive Development Syndrome)'이라 부르고 싶다. 뜻은 후천적으로 개발해서 능력이 향상되는 현상이다.

이런 현상 때문에 마이클 펠프스가 베이징 올림픽에서 8관왕을 하기 위해 노력했던 것처럼, 고시 3관왕 고승덕 변호사가 열심히 노력했던 것처럼, 우리도 죽을 힘을 다하는 노력이 필요하다. 짧은 시간, 노력에 대한 대가가 나오지 않는다고 해서 초조해 하지 마라. 인내와 끈기를 가지고 최선을 다하라. 그러면 반드시 노력의 대가를 받게 되어 있다.

실패의 성공학

세계적인 성공학의 대가 브라이언 트레이시(Brian Tracy)는 빈손으로 시작하여 연간 매출이 3000만 달러 이상인 인력개발회사 '브라이언 트레이시 인터내셔널'을 창립한 회장이다. 그런 그가 지난날을 회상하며 말하기를 '나는 시도한 모든 일에서 실패와 실패를 거듭했다. 학교와 직장에서는 물론 인생 전반이 실패의 연속이었다'고 한다. 그가 거쳐 간 직업은 자그마치 22가지이다.

그러나 지금은 세계적인 일류 기업들이 브라이언 트레이시의 성공학을 즐겨 듣고 있다. 그의 성공 방법을 기록한 책들은 20개가 훌쩍 넘는 언어로 번역되어 50개국 이상에서 독자들이 읽고 있다.

인생을 살다 보면 성공과 실패를 동시에 경험하게 된다. 대부분 사람들이 실패보다 성공을 원하지만, 성공보다 실패를 더 많이 하는 것이 사실이다. 솔직히 이 세상 어느 누가 실패를 좋아할까. 중요한 것은 '실패를 어떻게 받아들이느냐'는 것이다.

우리는 실패를 실패로만 끝내며 자신감을 잃을 것이 아니라, 그 안에 숨겨진 성공의 열쇠를 찾아야 한다. 실패를 통해 중요한 교훈을 발견하고, 실패를 또 하나의 '성공 과정'으로 삼아야 한다.

실패를 실패로만 여긴다면 더 이상 발전이 없다. 브라이언 트레이시가 그랬던 것처럼, 실패란 결코 '끝'이 아닌 '다음 성공을 위한 발판'이란 것을 깨달아야 한다. 실패는 끝이 아닌 바로 새로운 시작을 의미한다.

미래학자 폴 사포는 "오늘날 실리콘 밸리는 지난날의 영광 위에서가 아니라 실패 위에 세워졌다."라고 말했다. 그리고 『Out of Control』의 저자 케빈 캘리는 "고속성장의 비결은 비효율, 즉 빠르고 격렬한 수많은 실패다."라고 말하면서 세상을 움직이는 것은 성공이 아니라 실패라고 했다.

이 책을 읽고 있는 여러분은 지금까지 살면서 몇 번의 실패를 경험했는가. 올해로 20대의 마지막을 보낸 나는 중학교와 고등학교를 다니면서 시험에서 수많은 실패를 했고, 재수를 하고도 대학 입시에 실패했다. 그리고 미국에 와서는 사업 등에서 수많은 실패를 경험했다.

한국에서 좋은 대학을 가고자 열심히 공부했지만, 열심히 공부한 만큼 성적은 더 떨어졌다. 하루에 두 시간만 자고 정신적·육체적 고통까지 이겨내며 공부했지만, 결과는 언제나 기대 이하였다. 이런 결과는 나를 방황하게 만들었고, 결국 자살이라는 길을 선택하게 했다. 하지만 마지막 그 순간, 현실과 타협하면서 위험에서 벗어날 수 있었다.

그러나 그 가운데서도 한 가지 놓치고 싶지 않은 것이 있었다. 그것은 바로 '자존감'이었다. 내가 살아 있음을 모두에게 보여주고 싶었다.

그래서 고등학교 졸업 후 재수, 삼수를 해서 어렵게 대학에 들어갔지만, 꿈을 이루고자 미국으로 도피 아닌 도피 유학을 떠났다. 하지만 미국 유학 생활도 그리 호락호락하지는 않았다.

나는 미국 college에서 들었던 첫 번째 수업 숙제에서 낙제 점수 'F'를 받았다. 미국 생활에서 첫 번째 실패를 경험한 것이다. 나름대로 최선을 다해 열심히 했는데, F를 받자 알 수 없는 서러움에 눈물이 쏟아지기 시작했다. 그때 울면서 결심했다.

'이대로 무너질 수 없다. 지금까지 실패한 인생을 살아온 것도 서러운데 더 이상 물러날 수 없다. 그렇지 않으면 벼랑 끝으로 떨어진다.'

나는 무엇이 잘못되었는지 철저히 분석해서 하나씩 고쳐나가기 시작했다. 그 결과 모든 과목에 'A'를 받을 수 있었다. 학교에서 장학생으로 뽑히고, 'Phi Theta Kappa'

라는 인터내셔널 장학생으로도 뽑혔다. 그리고 마침내는 미국에서 1% 안에 드는 'America National' 장학생에 뽑힐 수 있게 되었다. 뿐만 아니라, 학교에서 일 년에 한 명에게만 준다는 수학 부문 최고상인 'LEBON PRIZE'를 받았다. 내가 university로 편입하기 위해 추천서를 부탁했을 때는 무려 7명의 교수들이 흔쾌히 써 주었다.

하지만 university로 편입 후 곧 실패는 다시 찾아왔다. 나는 적성에 맞지 않은 전공으로 고민하며 친구들과 여기저기 놀러 다니며 술을 마셨다. 거의 모든 과목에서 'D'와 'F'를 받아 학점 1.2로 학사 경고를 받았다. 그때가 university로 편입한 후 2번째 학기였다. 한 번 더 학사 경고를 받으면 학교에서 퇴학당할 처지에 놓였다. 순간 정신이 번쩍 들었다.

무엇보다 결단이 필요한 때였다. 그래서 부전공인 수학을 전공인 컴퓨터 공학과 맞바꿨다. 수학은 재미있는데, 컴퓨터 공학은 적성에 맞지 않는 것 같았기 때문이다. 그리고 그때부터 미국 학생도 힘들어하는 전공을 5과목씩 20학점을 선택해서 듣기 시작했다. 전공은 2개만 선택하라는 진학 담당 교수님의 말에 각서까지 쓰고 나서야 겨우 전공 5과목을 선택할 수 있었다. 바로 나 자신과의 싸움이 시작된 것이다.

그 후 하루하루 최선을 다해 노력한 결과 모든 과목에서 'A'와 'B'가 나와 3.7학점을 받을 수 있었다. 진학 담당 교수님뿐만 아니라 모두들 놀랐다. 하지만 더 놀란 건 나 자신이었다. 할 수 있다는 자신감과 철저한 계획, 그리고 자기 관리를 통해 원하는 것을 얻을 수 있음을 실감했다.

계속해서 나는 대학 졸업 때까지 단 학기도 빠지지 않지 않고 전공을 5과목씩 20학점씩 이수했다. 그러면서도 미국 중·고등학생 15명에게 수학 과외를 했을 뿐 아니라, 책을 5권이나 썼다. 그중에서 2권은 대학을 졸업하기 전까지 출간했고, '이어폰 일체형 스피커'를 개발해 특허도 등록받았다. 이후에 2건의 특허를 더 출원했고, 이중 하나는 열심히 과외해서 번 돈 2만 달러를 투자해서 친구 6명과 사업을 했다. 모든 것이 순조로워 보였다.

하지만 자만하고 있는 사이 다시 실패가 찾아왔다. 힘들게 번 2만 달러로 시작한 사업이 망했다. 당시만 하더라도 20대가 할 수 있는 모든 실패를 하고 싶기도 했지만, 잘할 수 있을 거라는 자신감이 더 컸던 터라 적지 않는 충격이었다.

나는 대학을 졸업하고, 회사에 취직해 파트 타임으로 일하면서도 내가 하고 싶은 일을 계속 하고 싶었다. 다시 의기투합해 사업을 하다 만난 분과 함께 iCAN Company란 회사를 설립하고, 사업 개발·기획·인터내셔널 마케팅 분야 일을 했다. 그러다 N 회사와 손잡고 미국에 지사를 설립해 해외 사업을 확장하려던 순간, 한국 본사가 부도 났다. 이를 위해 6개월 동안 열심히 일했던 모든 노력과 수고가 한순간에 물거품이 되었다.

곧 정신을 가다듬고 I 라는 미국 회사가 한국에 진출하는 데 걸리는 1년 동안 모든 노력과 수고를 다했다. 그 결과 영국에 있는 한 회사로부터 천만 달러라는 엄청난 투자를 약속받았다. 하지만 이를 계약하기 위해 한국 출장을 준비하던 중 이미 우리와 독점 계약을 맺은 미국 회사가 다른 한국 회사와 손잡고 일한다는 연락을 받았다. 청천벽력 같은 얘기였다. 내가 설립한 회사에 모든 권한을 다 넘겨주기로 계약까지 맺은 상태에서 다른 회사로 등을 돌리다니…. 또 한 번 모든 것이 물거품이 되는 순간이었다. 정말이지 세상이 싫어졌다.

그러나 전화위복이라고 했던가. 사업을 위해 한 달 동안 한국을 두세 번 왔다갔다 하면서 나는 평생 반려자를 만나 결혼하는 데 성공했다. 비록 내가 추진했던 프로젝트는 실패했지만, 나와 평생을 함께할 사랑스런 반려자를 만났으니 감사한다.

"멋진 실패에 상을 주고 평범한 성공에 벌을 주라(Reward excellent failure, punish mediocre success)."라는 세계 3대 경영 석학으로 꼽히는 톰 피터스의 말처럼 실패를 피하지 말고 당당히 맞서서 도전해야 한다.

지금까지 살아온 날보다 앞으로 살아갈 날이 많이 남은 여러분에게 어쩌면 성공보다 실패가 더 많을지 모른다. 하지만 실패를 두려워하지 마라. 우리는 실패를 통해 더 강해질 수 있다. 실패를 성공하기 위한 발판이라고 생각하라.

성공하기를 바라는가. 지금의 삶에서 발전하고 싶은가. 그러면 실패를 두려워 말고 행동하라.

성공의 열쇠는 바로 실패를 두려워하지 않는 마음가짐이다.

실패한 일을 후회하는 것보다 해 보지도 못하고 후회하는 것이 훨씬 더 바보스럽다.   - 탈무드 -

7

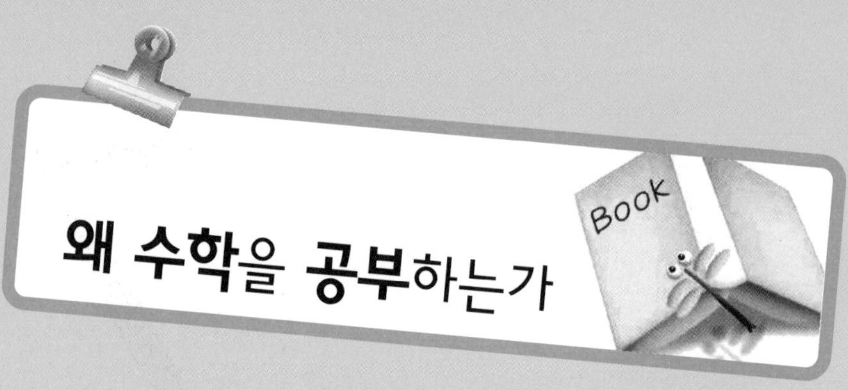

수학 공부를 하기 전에 왜 우리가 수학을 공부하는지 생각해 본 적이 있는가.

언젠가 수학 공부 찬반론에 대해 두 명의 학자가 토론한 내용을 신문으로 읽었다.

수학 공부를 반대하는 학자는 지금 같은 세상에 수학을 공부하는 것은 시간 낭비요, 문명의 혜택을 이기적으로 쓰지 못하고 있는 것이라고 했다. 예를 들어, 슈퍼에 가도 모든 물건값을 계산기가 계산하는데 굳이 실생활에서 우리가 수학을 공부한 만큼 이용 가치가 있느냐는 것이다.

반면, 수학 공부를 찬성하는 학자는 수학이란 모든 학문의 가장 기본이 되는 도구적 학문으로, 합리적 사고력과 논리력을 키우기 위해 필요하다고 했다. 예를 들어, 고등학교 때 배운 미분과 적분은 우리 실생활에 이용하기 매우 힘들다. 하지만 미적분을 배운 사람은 배우지 않는 사람보다 사고력과 논리력이 뛰어나기 때문에 다른 일을 훨씬 능률적이고도 효율적으로 할 수 있다고 했다.

여러분은 이 두 가지 견해에 대해 어떻게 생각하는가. 자신이 왜 수학을 공부해야 하는지에 대해서 알고 공부하는 사람과 '그냥 해야 하니까' 라는 사람은 분명 보이지 않는 커다란 차이가 있다.

단지 수학 점수를 잘 얻어 좋은 대학에 가고 싶다는 학생이 있다면 다시 한 번 이 질문에 대해 곰곰이 생각해 보기 바란다. 수학을 하나의 수단으로 이용하기보다 '왜 그렇게 될까?', '어떻게 풀 수 있을까' 등과 같은 생각을 하며 문제를 해결하려고 노력한다면 그 과정에서 문제 해결 능력을 얻게 된다. 이는 다른 문제 또한 해결할 수 있는 기본이 된다. 궁극적으로 수학 공부를 해야 하는 이유를 깨달으면 수학에 흥미를 느끼는 동시에 공부를 하고 싶은 동기가 생길 것이다.

많은 학생들이 아직도 산수와 수학의 개념을 혼동하는 것 같다. 자신이 산수를 공부하고 있는데도 수학을 공부하고 있다고 착각한다. 즉, 산수(算數)란 뜻 그대로 수의 계산이고, 수학(數學)은 수를 공부하는 것이다. 수학은 산수를 기반으로 하고 있지만, 산수를 하는 것이 수학을 공부하는 것은 아니다.

이해가 되지 않는다면 산수와 수학이 어떻게 다른지 살펴보자. 1부터 10까지 자연수들의 총합을 구한다고 가정하자. 이때 A학생은 1부터 10까지의 자연수들을 하나하나 다 더해서 총합을 구한다.

$$1+2+3+\cdots+9+10 = 55$$

B학생은 공식만 무조건 외워 총합을 구한다.

$$\frac{n(n+1)}{2} = \frac{10(10+1)}{2} = 55$$

C학생은 공식이 나오는 원리를 이해한 후 이를 이용해 총합을 구한다.

$$1+2+3+ \cdots +(n-1)+n = S$$
$$n+(n-1)+ \cdots +3+2+1 = S$$

$$\underbrace{(n+1)+(n+1)+ \cdots +(n+1)}_{n} = 2S$$

$$n(n+1) = 2S$$

$$S = \frac{n(n+1)}{2}$$

즉, $\dfrac{n(n+1)}{2} = \dfrac{10(10+1)}{2} = 55$

이 세 사람 중 누가 산수를 하고 누가 수학을 하고 있는가. A와 B는 산수를 하고, C는 수학을 하고 있다. 만약 다르게 변형된다 할지라도 수학적으로 접근한 C가 A와 B 보다 문제를 풀 확률이 높다.

이제 산수와 수학의 차이가 눈에 보이는가. 여러분은

지금까지 산수를 공부했는지, 수학을 공부했는지 점검해 보기 바란다. 아무리 지금 미분, 적분을 풀고 있다 할지라도 그냥 기계적으로 공식만 생각해서 문제를 풀거나, 조금이라도 변형되면 어려워서 손도 못 댄다면 고등학생이 되어서도 아직 산수 공부에 머물러 있는 수준이다.

수학 공부하기

수학 참고서 선택하기 

　수학에서 가장 기본이 되는 것은 개념 원리를 이해하는 것인데, 개념 원리를 잘 이해할 수 있게 도움을 주는 책이 바로 참고서다. 그래서 참고서로 무슨 책을 고르느냐가 중요하다. 참고서로는 수학 개념 원리에 대해 쉽고 간결하게 설명이 되어 있는 책, 읽었을 때 이해하기 쉬운 책, 디자인이나 두께 등이 여러 번 보아도 질리지 않는 책이 좋다.

수학 참고서 공부하기

일단 자신이 고른 참고서 차례부터 보라. 내 경우 모든 책을 차례부터 보는 습관이 있다. 책에 나오는 차례는 책의 요약판과 같다. 어떻게 책이 구성이 되어 있고 어떤 차례로 서술되어 있는지 알려 준다. 또한 간략하면서도 핵심 단어들로 구성되어 있기 때문에 내용 파악에 많은 도움이 된다. 특히 수학 참고서 차례를 보면 수학적 연관성을 알게 되므로 자신이 무엇을 공부했으며, 앞으로 무엇을 공부하는지에 대해 연관을 가지고 공부할 수 있다.

처음부터 모든 것을 암기하려는 생각보다 그냥 책 읽듯이 단원에서 무엇을 이야기하고 있는지, 공식들을 어떻게 설명하고 있는지, 그 공식을 문제 풀이에 어떻게 적용하고 있는지 가벼운 마음으로 보라. 그리고 나서 단원에 대해 핵심을 파악하라.

단원 핵심 파악하기

수학 선생님을 괴롭혀라

수학 선생님들은 이미 수학 전반에 걸쳐 많은 지식과 경험을 가지고 있다. 단원에서 어떤 것이 핵심이고 어떤 것이 시험에 잘 나오고 어떻게 나오는지 말이다. 만약 단원 핵심 파악을 빨리 하고 싶다면 수업 시간도 좋고, 쉬는 시간, 자습 시간도 괜찮고, 아무 때나 수학 선생님에게 질문해라. 그러면 수학 성적은 올라가게 된다.

출제 경향표를 활용하라

수학 참고서나 문제집을 보면 각 단원에 대해 지금까지 수능에 무엇이 어떻게 얼마나 출제되었는지 보여주는 '출제 경향표'라는 것이 있다. 출제 경향표를 활용하면 공부하는 데 많은 도움을 받을 수 있다. 그 분석표는 나침반 역할을 하므로 공부할 비중을 생각하며 공부할 수 있게 해 준다. 모든 것을 다 잘하면 좋겠지만, 시간은 한정되어 있고 공부할 양은 많으므로 출제 경향표를 활용하여 우선순위에 따라 공부하는 것이 시간을 가장 효율적으로 사용하는 방법이 될 것이다.

문제집 선택 및 이용

수학 참고서를 공부해 개념 원리를 이해했다면 문제집을 활용하라. 참고서가 수학 개념을 이해하는 데 도움을 주는 책이라면 문제집은 문제를 통해 사고력과 응용력 향상에 도움을 주는 책이다. 기본 개념과 원리 이해 확인 및 사고력과 응용력 향상을 위해 많은 문제를 푸는 것이 좋다.

첫 번째 단계는 난이도가 중·하인 문제를 중심으로 자신이 공부한 개념에 대해 얼마나 잘 이해하고 있는지 풀어 본다. 혹 틀린 문제가 많다면 틀린 문제를 중심으로 왜 틀렸는지를 기본 개념과 비교해 가며 풀어 보는 것이 바람직하다. 그리고 어느 정도 자신감이 든다면 두 번째 단계로 난이도가 중·상인 문제를 중심으로 풀어 본다. 이때 맞히는 문제가 적다면 왜 틀렸는지 분석한 다음 난이도가 중·하인 문제를 다시 풀어 보고 재도전하는 것이 좋다.

기본적으로 문제집은 세 권을 선택하라. 한 권은 쉬운 것으로 골라서 공부한 공식과 이론에 대해 점검하고 공식이 어떻게 적용되는지 이용하라. 다른 한 권은 좀 더 어려운 문제집으로 선택하여 공부한 공식과 이론을 어떻게 이용하고 응용할 수 있는지 알아보라. 마지막 한 권은 실전에 나오는 문제집을 선택하여 자신이 얼마나 공부했는지 파악하며 실전 대비용으로 쓰는 것이 좋다.

공식 암기 및 정리 노트 이용법

수학을 공부하려면 수많은 공식을 이해하고 암기해야 한다. 중학교 때까지만 해도 얼마 되지 않는 수학 공식이 고등학교에 올라가면 엄청나게 많아진다. 그러다 보니 중학교 때까지는 쉽다고 생각하던 수학이 갑자기 어렵게 느껴지기 시작하고, 결국 공식 외우기를 포기하고 더 나가 수학까지 포기하는 일이 벌어진다.

이런 이유 때문에 처음부터 수학 개념을 잘 이해하는 것이 중요하다. 수학 개념을 이해하면 공식을 외우지 않아도 우리 머리가 자동으로 암기한다. 그런데 수학 개념을 이해해도 때에 따라서는 공식이 잘 암기되지 않을 때가 있다. 이때를 대비하여 공식 암기 및 정리 노트를 활용하면 많은 도움을 받을 수 있다.

공식 암기 및 정리 노트를 만들 때는 다음과 같은 몇 가지 주의 사항이 있다.

핵심 이론과 공식만 적어라

특히 핵심 이론과 공식은 단원에 대한 전체적인 이해를 한 후 마지막 단계에서 노트에 적는 것이 좋다.

필요한 예제나 설명을 적어라

하나의 예제가 10가지 공식과 이론보다 낫다는 말이 있다. 그만큼 예제는 공식과 이론을 이해하는 데 많은 도움을 준다. 예제를 적을 때는 책에 나와 있는 내용을 그대로 베끼지 말고, 많은 예제를 쓰기보다는 가장 좋은 한두 가지만 기록한다.

부가적인 설명을 더하면 공식과 이론을 잘 이해하고 암기하는 데 도움을 얻을 수 있다. 이때 어떻게 이해했는지 그 과정을 자신만의 방법으로 정리하는 것이 좋다. 그래야 나중에 노트를 보더라도 짧은 시간에 많은 양을 정확히 이해할 수 있다.

자신만의 노트 정리 방법을 만들어라

내 경우 처음에는 수학 공식 암기 노트와 수학 이론 정리 노트를 따로 분리해서 만들었다. 하지만 공부를 할 때 두 권을 같이 찾아야 하는 번거로움이 있어서 결국 암기 노트와 정리 노트를 하나로 합쳐 만들게 되었다. 그랬더니 공식과 이론을 함께 적을 수 있고, 공부도 효율적으로 할 수 있었다.

노트를 만들다 보면 어떤 차례로 만들어야 하는지 의문이 들 때가 있다. 하지만 공부를 하다 보면 많은 것이 섞이기 때문에 자신이 공부한 순서에 따라 노트를 만들면 된다. 바인더 노트가 많은 도움이 될 것이다.

수학 노트 활용법

내 경우 일단 노트를 완성하면 다음부터 수학 공부를 할 때는 절대 참고서나 교과서로 시작하지 않는다. 왜냐하면 교과서나 참고서로 수학 공부를 시작하면 전부다 중요한 것처럼 생각되어 효율적으로 공부하지 못하고 결국 책을 덮어버리게 되기 때문이다. 하지만 내가 만든 수학 노트로 공부를 시작하면 단원에 대해 분석과 파악이 되어 있기 때문에 공부하기가 훨씬 수월했다.

나는 수학 노트로 공부할 때도 무엇을 공부할 것인지 짧게 생각하고 대강을 훑어 본 다음 본격적으로 이해하고 암기하려 했다. 그래서 별 부담 없이 수학 공부에 집중할 수 있었다. 핵심 사항에 대해서만 이해하고 암기하려 했기 때문에 다른 생각을 하지 않을 수 있었고, 다른 사람보다 공부를 빨리 마칠 수 있었다.

다시 말하지만, 수학 공부를 시작할 때는 자신이 만든 수학 노트로 정확히 단원에 대해 이해하고 암기한 다음 교과서나 참고서를 보도록 하라. 그러면 우리 머릿속에 나름대로 단원에 대한 정리가 되기 때문에 교과서나 참고서를 공부할 때 불필요한 내용은 삼가고 중요한 핵심만 다시 체크하거나 이해하고 넘어갈 수 있다. 그리고 다른 사람보다 훨씬 더 집중하여 수월하게 공부할 수 있다.

수학 오답 노트 만들기

수학 오답 노트를 어떻게 만드느냐에 따라 시간과 노

력을 낭비할 수도 있고, 수학 실력을 많이 향상할 수도 있다. 이는 마치 동전의 양면성과 같다.

수학 오답 노트는 틀린 문제를 어떻게 정리하는지가 매주 중요하다. 취약점과 그것을 어떻게 극복해 나갈 수 있는지 알려주는 나침반과 같은 역할을 하기 때문이다.

하지만 아무리 좋은 나침반이라도 방향을 잘못 가리키면 정확한 곳이 아닌 다른 방향으로 인도하게 된다. 수학 오답 노트도 이와 마찬가지이므로 취약점을 잘 발견하고 보완할 수 있는 문제들로 구성해야 도움을 얻을 수 있다.

끝까지 풀지 못한 문제를 정리하라

30문제 중에서 10문제를 틀렸다고 가정해 보자. 아무런 생각 없이 수학 오답 노트를 만드는 학생은 틀린 10문제를 가위로 오려내기 시작할 것이다. 그리고 뒤에 나와 있는 해답지도 오려 붙여서 오답 노트를 만들고 난 후 기쁨에 찬 미소를 지을 것이다. 미안한 말이지만, 이 학생은 시간과 노력을 낭비하면서 실력 향상에는 별 도움이 되지 않는 오답 노트를 만들었다.

틀린 문제는 일단 답을 보지 않고 다시 한 번 풀어 보아야 한다. 알면서 실수를 하거나 계산 과정에서 틀렸거나 잘못된 공식을 사용한 경우가 있기 때문이다. 이러한 문제는 일단 수학 오답 노트를 만드는 대상에서 제외해야 한다. 실수와 혼동에 의해 틀린 것일 뿐이므로 얼마든지 고쳐 나갈 수 있고, 사고력과 응용력을 키우는 데는 아무런 상관이 없기 때문이다. 오답 노트를 만드는 이유는 응용력과 사고력이 결합된 좋은 문제를 뽑아내는 데 있다.

이렇게 풀고도 틀린 문제가 남았다면 다시 한 번 틀린 문제의 답을 보지 않고 풀어 보도록 한다. 이때는 처음에 생각했던 것과는 다른 방법으로 문제를 해결할 수 있도록 해야 한다.

"모로 가도 서울로만 가면 된다."는 말을 잊지 마라. 어떻게 해서든 문제를 풀 수 있는 방법을 찾아야 한다. 이렇게 하고도 풀지 못한 문제가 있을 때는 자신이 판단할 때 예시로 가장 좋고 중요한 한두 문제를 수학 오답 노트에 정리하도록 하라.

한 페이지에 한 문제만 기록하라

오답 노트는 풀이 과정을 포함해서 반드시 한 문제당 한 페이지로 만드는 것이 좋다. 종이를 아끼기 위해 한 페이지에 많은 문제를 쓸 경우, 수학 오답 노트로서 가치가 떨어지고, 나중에 추가 보충 설명을 적을 때 공간이 부족하다는 단점이 있다. 그러므로 한 페이지에는 문제 하나만 적도록 하라.

어떻게 하면 좋은 수학 오답 노트를 만들 수 있는지 다음 예를 보자.

맨 위에는 어떤 문제를 틀렸는지 적고, 가운데는 어떻게 풀었는지를 적는다. 이때 실수한 곳이 있다면 색깔을 달리해 정리하는 것이 좋다. 그리고 마지막에는 이 문제를 풀 때 어떤 점을 조심해야 하는지, 그리고 어떤 공식을 정확히 알고 있어야 하는지 정리하는 것이 중요하다.

문제 (파워수능 문제집 유리·무리함수와 역함수) p. 52, No. 7	다음 부등식의 영역을 그림으로 나타내어라. $$\dfrac{x^2+y^2-1}{x-y} < 0$$
풀이	식) $\dfrac{x^2+y^2-1}{x-y} < 0$ 은 $(x-y)(x^2+y^2-1) < 0$ 과 동치이므로 두 가지 경우로 나뉜다. ⅰ) $\begin{cases} x-y>0 & ㉠ \\ x^2+y^2-1<0 & ㉡ \end{cases}$ ⅱ) $\begin{cases} x-y<0 & ㉢ \\ x^2+y^2-1>0 & ㉣ \end{cases}$ ⅰ)은 ㉠, ㉡ 영역의 공통된 부분으로 A부분 ⅱ)은 ㉢, ㉣ 영역의 공통된 부분으로 B부분 답) 나의 실수 — 그림을 흐리게 그려 C나 실선으로 표시하여 틀렸음
조심해야 할 점 과 요령	① 다행이 이 문제는 등호가 들어가 있지 않아서 "분모 ≠ 0"이 되는 부분을 따로 고려하지 않았지만 분수함수가 눈에 보이면 "분모 ≠ 0"인 부분을 꼭 고려하기. ② 부등식 영역을 그림으로 나타낼 때 "점선"으로 한 것인지 "실선"으로 할 것인지 고려하기 ex) $x-y \geq 0$ ($x=y$를 실선으로), $x-y>0$ ($x=y$를 점선으로) ③ $\dfrac{B}{A} < 0 \leftrightarrow A \cdot B < 0 \leftrightarrow (A>0, B<0)$ 또는 $(A<0, B>0)$ ④ $\dfrac{B}{A} > 0 \leftrightarrow A \cdot B > 0 \leftrightarrow (A>0, B>0)$ 또는 $(A<0, B<0)$

효과적인 **수학** 공부법

주위에서 수학 문제를 잘 푸는 학생들을 보라. 이 학생들은 무턱대고 펜을 잡고 문제부터 풀지 않는다. 무엇보다 문제를 잘 읽고 문제가 묻는 것이 무엇인지, 요구하는 것이 무엇인지, 그 요구하는 바를 어떻게 얻어야 하는지, 자신이 알고 있는 공식과 이론을 어떻게 문제에 효과적이고 합리적으로 적용해야 하는지 곰곰이 생각한다. 또한 문제를 해결해 나가는 과정에 있을 수 있는 실수와 함정을 고려하면서 풀어간다. 그리고 마지막에는 자신이 문제를 푸는 중에 실수는 하지 않았는지, 문제의 함정에 걸리지 않았는지를 반드시 점검한다.

이 글을 읽는 여러분은 어떠한가. 문제를 풀기 전에 이처럼 수많은 과정을 생각하고 계획했는가. 대부분 학생들의 대답은 '아니오.'가 더 많을 것이다. 아직도 많은 학생들은 자신이 외운 단순한 공식이나 이론을 가지고 성급하게 문제를 풀어나가려 한다. 이 때문에 출제자가 만들어 놓은 함정에 빠지거나 실수를 하게 된다. 그러므로 수학을 잘하는 학생들처럼 생각하고 분석하고 계획하고 정확한 진단에 따라 문제를 해결해 나가도록 해야 한다.

ABCDE 이론

A : Analysis(문제 분석하기)

문제를 풀고 이해하기 위해서는 문제를 정확히 읽어 착각하는 일이 없어야 한다. 문제를 착각하는 순간 수학 실력과 상관없이 잘못 풀게 되어 오답을 쓰게 되고, 시간과 노력을 낭비하게 된다.

그러므로 문제를 정확히 읽어 출제자가 무엇을 묻고 있는지 파악해야 한다. 또한 문제에 나오는 수학적 용어의 뜻을 정확히 알고 있어야 한다. 용어의 뜻만 정확히 알아도 문제를 푸는 데 반은 성공한다.

B : Brainstorming(방법 생각하기)

문제를 읽고 나면 어떻게 해결할 수 있는지 생각해야 한다. 바로 이 과정이 브레인스토밍(brainstorming)에 해당한다.

문제를 풀기 위한 방법은 여러 가지가 있다. 어떤 방법으로 푸느냐에 따라 짧은 시간에 정확한 답이 나올 수도 있고, 답이 나오긴 하더라도 시간이 많이 걸리기도 한다. 그러므로 무슨 방법으로 문제를 풀어야 하는지 생각해야 한다.

C : Creativity(생각 표현하기)

브레인스토밍 작업이 끝났다면 이를 수학적으로 표현해야 한다. 즉, 머릿속으로 생각한 방법을 종이에 구체적으로 적어야 한다. 아무리 좋은 아이디어가 있어도 표현하지 못하면 의미가 없음을 명심하라. 문제에 대한 자신의 생각을 하나하나 체계적인 식으로 써야 한다.

D : Development(함정과 실수 피하기)

수학적 표현을 했다고 해서 문제의 답이 바로 나오는 것은 아니다. 문제마다 다르겠지만, 어려운 문제는 한 번 더 함정과 실수를 피해야 하는 과정이 필요하다. 그러므로 문제를 풀기 전에 자신이 기록한 식이 잘못된 것이 없는지 한 번 더 살펴보는 세심한 주의가 필요하다.

문제에 대한 올바른 식으로 문제를 해결했다면 마지막 단계로 '계산' 하는 과정이 남아 있다. 문제 풀이 과정도 중요하지만, 끝까지 실수하지 않고 정확히 계산하여 올바른 답을 찾는 것이 더 중요하다. 만약 어렵게 문제를 풀었더라도 잘못된 계산으로 오답이 나왔다면 얼마나 억울하겠는가. 마지막까지 긴장을 늦추지 말고 정확한 답을 찾도록 하라.

거의 모든 수학 문제는 지금까지 설명한 ABCDE 이론으로 풀게 된다. 이때 'A에서 E까지 얼마나 걸리느냐' 가 바로 수학을 잘하는 학생인지, 못하는 학생인지 구분하는 기준이 된다. 수학을 잘하는 학생일수록 A에서 E까지 걸리는 시간이 짧다.

하지만 수학을 못하는 학생일수록 A에서 E까지 걸리는 과정이 길다. 그래서 항상 시험 시간이 부족하고 점수가 낮다. 아니면 많은 문제를 풀기 위해 서두르다가 실수로 연결되어 점수가 낮게 나온다. 이 말을 달리 생각하면 문제를 늦게 푸는 것이 결국 수학을 못하는 원인이라고 할 수 있다.

수학을 잘하고 싶다면 A에서 E까지 빨리 갈 수 있는 훈련을 해아 한다. 문제점은 훈련을 통해서 얼마든지 극복할 수 있다. 이때 필요한 것은 인내심과 생각하는 힘이다. 인내심을 가지고 문제를 어떻게 풀어야 하는지 끊임없이 생각하라. 처음에는 문제를 생각하고 푸는 데 시간이 많이 걸릴 것이지만, 점차 단축될 것이다.

항상 쉬운 것부터
어려운 순서로 문제 풀기

우리 뇌는 '난로'와 같다. 추운 겨울날 교실에 있는 난로를 틀어 보라. 난로를 틀자마자 차가운 교실이 곧바로 따뜻해지는가. 아니다. 난로는 시간이 지날수록 점점 뜨거워지며 차가운 교실을 따뜻하게 데운다.

우리 뇌도 수학 문제를 풀 때 난로와 같은 현상이 일어난다. 어려운 문제일수록 해결하는 데 충분한 시간과 뇌의 활성화가 필요하다. 그러므로 쉬운 문제를 통해 뇌를 충분히 활성화한 다음 어려운 문제를 풀면 생각보다 간단하게 해결할 수 있다. 시험이라는 것은 정해진 시간 안에 많은 문제를 정확히 풀면 된다는 것을 명심하라.

위 방법을 사용하면 처음에 못 풀었던 문제가 다른 문제를 푼 후에는 신기하게도 풀릴 때가 많다. 그 이유는 다른 문제를 푸는 동안 우리 뇌가 워밍업을 끝마치고 활성화되었기 때문이다.

문제를 스캔한 후에는 쉬워 보이는 것부터 풀도록 하라. 굳이 1번부터 풀 필요는 없다.

거의 대부분 학생들이 시험을 보면 1번부터 문제를 풀기 시작한다. 시험의 관건은 누가 더 빨리, 더 정확히, 더 많이 푸느냐이다. 그런데 다같이 1번 문제부터 풀기 시작하면 당연히 공부를 잘하는 학생이 문제를 푸는 속도가 빠를 것이다. 수학을 잘하는 학생이 다음 장으로 시험지를 넘기면 자신과 비교가 되어서 시험지를 넘기는 소리가 스트레스가 될 수도 있다.

가령 첫 번째 페이지에 4문제가 있는 시험지를 같이 받았다고 하자. A라는 학생이 시험 시작한 지 5분 만에 다음 페이지를 넘기는 동안 B라는 학생은 이제 3번 문제를 풀기 시작했다면, B 학생은 A 학생보다 2문제가 뒤쳐져 있음을 자동적으로 알게 된다. 이는 알려고 하지 않아도 우리 뇌가 자동적으로 인식한다. 그래서 이것이 곧 스트레스의 시작이 된다.

시간이 지날수록 A와 격차가 커지면서 B는 '왜 나는 이것밖에 풀지 못하는가' 라며 자신도 모르게 자책하게 된다. 자책감으로 스트레스를 받으면 집중하지 못하게 되어 결국 시험을 망치게 된다.

스트레스는 눈에 보이지 않게 찾아온다. 물론, 이런 것에 구애받지 않는 학생도 있겠지만, 내 경우는 B에 해당했다. 그래서 나는 시작 자체를 달리 했다. 시험은 정해진 시간 안에만 끝내면 되기 때문에 어떤 문제부터 푸는지는 상관이 없다. 그래서 나는 시험지 전체 스캔을 끝낸 후 무조건 쉬워 보이는 문제부터 풀기 시작했다. 이런 조그만 차이로 더 이상 비교되는 스트레스에 시달리지 않고, 나도 수학 점수가 잘 나오게 되었다.

10문제 = 100문제 이론

먼저, 이 이론에 오해가 없길 바란다.

'10문제 = 100문제 이론'라고 해서 처음부터 조금만 공부하라는 것이 아니다. 특히 사람들은 자기가 원하는 대로 생각하는 경향이 있어서 이 문구를 보는 순간 "그럼 수학은 10문제만 풀어도 잘할 수 있겠군."이라고 해석할 지도 모른다.

하지만 그런 뜻이 아니라, "Practice makes perfect." 란 말처럼, 처음 공부할 때는 기본 예제 문제를 많이 풀어 봄으로써 어느 정도 실력을 쌓아야 한다. 그리고 나서 적당한 실력이 쌓였다고 생각되면 '10문제 = 100문제 이론' 처럼 많은 문제를 풀기보다는 생각이 필요한 문제를 푸는 것이 수학 실력을 향상하는 데 훨씬 효과적이다.

예를 들어, A와 B라는 학생이 있는데, B는 5시간 동안 100문제를 풀어서 90개를 맞혔다고 가정하자. B는 틀린 10개에 집착하기보다 맞힌 90개로 위안을 삼는다. 그러다가 자기 합리화에 빠져 5시간 동안 100문제를 공부한 자신이 대견스럽다고 생각하고, 더 이상 틀린 10문제에 신경을 쓰려 하지 않는다.

반면, A는 2시간 동안 어려운 10문제를 공부했다. 남들이 봤을 때 A는 2시간 동안 10문제밖에 공부를 안 했기 때문에 굉장히 적은 양을 공부했다고 생각된다.

하지만 공부를 어느 정도 하는 학생들은 '공부는 양이 아니라 질'이라는 것을 안다. 어떤 수준의 공부를 했느냐에 따라 결과가 엄청 달라진다. 아직도 10문제를 풀고 시험을 봤는데 100문제를 다 맞혔다는 것이 이상한가?

A는 2시간 동안 10문제밖에 공부를 안 했기 때문에 50개도 못 맞혀야 한다고 생각하는 사람이 있다면 공부를 양으로 생각하고 있다는 증거다. A는 비록 10문제밖에 공부하지 않았지만, 어려운 10문제를 다 풀 정도의 실력을 갖추었으므로 쉬운 90문제를 자동으로 풀 수 있다. 결국 A와 B를 구별하는 것은 쉬운 90문제가 아니라 어려운 10문제다. 어려운 10문제를 다 맞히는 사람은 A가 되고, 10문제를 다 틀리는 사람은 B가 되는 것이다.

그리고 두 사람은 공부하는 시간에도 많은 차이가 생긴다. A는 2시간만 공부하고도 100점을 받은 반면, B는 5시간이나 공부하고도 90점밖에 못 받았다. 당연히 효율성은 A가 B보다 훨씬 낮다. 여러분은 자신이 지금 A학생처럼 공부하고 있는지, B학생처럼 공부하고 있는지 생각해 보라.

공부를 할 때도 경제 원칙을 생각할 필요가 있다. 최소 투자로 최대 이익을 얻어라.

공부는 얼마만큼 시간을 투자했느냐도 중요하지만 어떻게 했느냐가 더 중요하다. 어떻게 공부했느냐에 따라 효율성에 큰 차이가 나타나기 때문이다. A는 2시간을 공부하고 B보다 남은 3시간을 같은 방법으로 또 공부하면 당연히 결과적으로 B와 큰 차이가 생긴다. 이제 공부 잘하는 학생이 왜 적은 시간 조금만 공부하고도 좋은 결과가 나왔는지 이해가 되리라 믿는다.

머리에 똑똑한
내비게이션을 설치하라

서울에서 부산까지 가는 방법은 몇 가지가 있을까. 버스, 기차, 비행기 등 어느 교통편을 선택하느냐에 따라 여러 가지가 있을 수 있다. 수학 문제를 푸는 것도 마찬가지다. 비록 한 문제에 답은 한 개지만, 사람마다 생각하는 방법이 다르기 때문에 푸는 방법은 여러 가지가 나올 수 있다. 이 여러 가지 방법을 찾아내는 것이 바로 생각하는 훈련이다.

예를 들어, 한 문제를 A, B, C 세 가지 방법으로 풀었
다고 하자. 이 경우 A가 이 문제를 푸는 데 가장 좋은 방법
이라고 해서 B와 C가 잘못된 방법이고 시간 낭비만 한 것
이라고 생각하면 큰 오산이다. 비록 이 문제는 A가 가장
좋은 방법이 될 수 있지만, 다른 문제는 B 혹은 C가 가장
좋은 방법이 될 수 있기 때문이다. 모든 문제에 가장 좋은
방법은 있지만, 그렇다고 해서 그 방법만이 반드시 옳은
것이 아님을 명심하라.

주위에서 수학을 잘하는 학생을 살펴보라. 한 문제를

풀더라도 곰곰이 생각하는 모습을 발견할 수 있을 것이다. 물론, 몰라서 어떻게 풀어야 할지 고민하는 것일 수도 있지만, 많은 경우(어떻게 푸는지는 이미 알고 있고) 어떤 방법이 가장 좋은지 생각하고 있는 것이다.

서울에서 부산까지 가는 데 한 가지 길밖에 모르는 사람은 아무리 차가 막히고 시간이 걸려도 그 길로만 가야 하는 불편함과 어리석음을 범할 것이다. 하지만 여러 가지 길을 아는 사람이라면 막히지 않는 도로를 찾아감으로써, 시간을 절약할 수 있고 피곤함도 줄일 수 있다. 머릿속에 똑똑한 내비게이션을 설치하면 실시간 가장 정확하고 쉬운 방법으로 답을 찾을 수 있다.

다양한 문제 해결 방법을 찾아라 

그림(표, 그래프)을 이용하라

그림, 표, 그래프는 우리에게 시각적으로 이해하는 데 도움을 준다.

똑같은 문제라도 글로만 쓴 것보다 그림으로 나타낸 것이 훨씬 더 이해하기 쉽다고 한다. 그러므로 문제를 풀 때 가능한 한 그림을 그려 해결하도록 하라. 특히 도형이나 삼각함수 같은 기하학적인 문제는 그림을 이용하는 해결 방법이 거의 필수적이다.

구체화 혹은 특수화를 하라

문자 대신에 숫자를 이용하는 방법이다. 학생들은 수학 문제를 풀 때 문자를 두려워한다. 똑같은 문제라 하더라도 문자로 됐느냐, 숫자로 됐느냐에 따라 체감 난이도 차이가 크다.

식을 세울 때도 문자를 쓰면 학생들은 겁부터 먹는다. 그러므로 특수화라는 방법을 이용하여 문자를 숫자로 바꿔 문제를 해결하는 것이 좋다. 문자 대신에 숫자를 대입하는 구체화 혹은 특수화 방법을 사용하여 생각하면 문제가 쉽게 풀린다.

해답을 절대로 보지 마라

나보다 해답 보기를 좋아하는 학생이 있을까 싶다. 고등학교 시절, 해야 할 공부는 많고 시간은 절대적으로 부족하다 보니, 수학 공부를 할 때 조금이라도 모르겠다 싶으면 내 손은 자동으로 해답을 펼치고 있었다. 그리고 해답을 보고 문제를 이해한 후 '역시 내가 바보여서 못 푼 게 아니라 이 방법을 몰라서였군.'이라고 자기 합리화에 빠졌다. 결국 이런 멍청한 공부법 때문에 수학 점수는 늘 최하위권을 맴돌았다. 이 글을 읽는 여러분은 어떠한가? 아직도 수학 공부를 하면서 해답을 친구라고 생각하지 않는가?

수학 공부를 할 때 해답을 보는 습관은 해답이라

는 마약을 가지고 자기 만족을 하는 것이나 다름 없다. 해답을 보는 것은 실력 향상에 절대 도움이 되지 않음을 명심하라. 해답을 보는 순간 우리 머리는 '강박 관념'이라는 틀에 박힌 사고가 형성되어 창의적이고 다양한 생각 자체를 원천적으로 봉쇄해버린다.

앞에서 언급한 것처럼 나는 아무런 생각 없이 해답이란 마약을 자연스레 죄책감 없이 보면서 사용했다. 뒤늦게 잘못 되었음 깨닫고 고치려 했지만, 해답을 처음부터 보지 않는 사람보다 몇 배 더 노력하고 생각하는 데 많은 시간을 투자해야만 했다. 그렇기 때문에 처음부터 해답 없이 수학을 공부하는 습관을 만들어야 한다.

문제 풀기를 두려워하지 마라

많은 학생들이 버려야 할 자세 중에 하나는 어려운 문제다 싶으면 포기하는 것이다. 답은 틀려도 괜찮다. 처음부터 잘하는 사람은 아무도 없음을 명심하라. 어려운 문제라도 어떻게 하면 해결할 수 있을까 끊임없이 생각하고 분석하고 찾아라. 그리고 취약점이 있다면 교과서나 참고서를 찾아서 보완하라. 이런 노력이 결국 수학을 잘하게 만든다.

문제를 풀려는 시도가 없다면 아무런 결과도 없다.

자존심을 버려라

　모르는 문제를 누군가에게 물어보는 것이 창피한가? 하지만 지금 당장 모르는 부분을 물어보지 않아 진짜 수능 시험에서 문제를 풀지 못해 대학에 떨어진다면 그때 가서는 더 큰 창피를 감수해야 한다. 그렇다면 어떻게 하는 것이 현명한가?

　'불치하문(不恥下問)'이란 말은 아래 사람에게 배우는 것을 부끄러이 여기지 않는다는 뜻이다. 수학 공부도 마찬가지다. 모르는 문제가 있으면 친구나 선생님한테 물어서 반드시 알고 넘어가도록 하라. 이 방법은 자신의 부족한 점을 알고, 기억에 오래 남도록 해준다.

　누군가에게 물어보는 것은 부끄러운 일이 아니다. 오히려 모르고 넘어가는 것, 누군가에게 물어보는 것을 창피하게 생각하는 것 자체가 더 부끄러운 일이다.

실수하지 마라

"이거 맞을 수 있었는데 아깝게 틀렸다, 빼야 하는데 더 했다, 숫자나 부호를 잘못 봤다." 등과 같은 말을 학생들이 하곤 하는데, 이러한 실수도 실력 탓이라고 생각해야 한다.

수학을 잘하는 학생의 특징은 이런 사소한 실수도 절대 하지 않는다는 것이다. 실수가 있으면 그냥 지나치지 않고 반드시 찾아내어 반복하지 않는다.

반면, 수학을 잘못하는 학생은 실수를 하면서도 자기 합리화를 하여 정당화시킨다. 실수를 하고도 자기 합리화에 빠져 계속 고치지 않고 공부하다 보면 나중에 결국 고치기 힘든 습관이 된다. 실수는 보이지 않는 아킬레스건과 같다. 최대 약점인 동시에 알면서도 고치기 힘든 병이라고 할까.

실수가 있으면 반드시 고쳐서 반복하지 않는 것, 이런 차이가 결국 우등생과 열등생이라는 큰 차이를 만든다.

매일 꾸준히 수학을 공부하라

매일 꾸준히 공부해야 하는 이유는 수학적 감각을 유지하기 위해서다. 수학적 감각이란 문제를 해결하면서 자동으로 공식과 이론들을 불러오는 기능을 한다. 이를 유지하려면 짧은 시간이라도 그날 목표와 계획을 세워 문제 푸는 감각을 잃지 않아야 한다.

매일 공부할 양을 정해서 달성하도록 하라. 적은 양을 공부해도 상관없다. 하지만 계획 없는 수학 공부는 결국 '촌놈 마라톤 뛰는 식'이 되고 만다. 수학 공부를 해야겠다고 마음먹는 순간 만큼은 많이 할지 모르겠지만, 한번 지치기 시작하면 서서히 손을 놓게 된다. 그러면 나중에 더 큰 고생을 하게 되므로 일정하게 자기 페이스를 유지하면서 끝까지 공부할 수 있도록 계획을 세워 꾸준히 실천하라.

예습과 복습을 하라

예습은 말 그대로 미리 공부하는 것을 의미하며, 복습은 배운 내용에 대해 다시 한 번 되새기며 공부하는 것을 말한다. 수학은 예습과 복습의 비중을 공부하는 스타일에 따라 다르게 배분하는 것이 좋다. 하지만 한 가지 분명한 점은 수학 공부를 할 때 예습과 복습을 반드시 병행하는 것이 가장 좋다는 것이다.

내 경우 예습에 20~30%, 복습에 70~80% 정도 시간과 노력을 투자했다. 예습을 적당히 하면 기본적으로 무엇이 중요한지 알 수 있고, 앞으로 배울 단원에 대해 수학적 연관성을 알게 된다.

시간이 부족하다면 예습보다 복습을 하도록 하라. 예습은 혼자 하기가 쉽지 않고 그만큼 시간과 노력을 배로 투자해야 하지만, 복습은 이미 배운 단원에 대해 점검하는 것이기 때문에 시간과 노력을 많이 절약할 수 있다.

- 기본 개념을 100% 확실히 이해하라.
- 기본 개념을 이해하기 위해 교과서를 활용하라.
- 교과서로 기본 개념을 차근차근 정리하면서 주요 공식을 유도, 증명하는 것까지 아울러 공부한다. 특히 유도 과정은 반드시 스스로 풀어 익혀라.
- 공식이 어떻게 유도되고 증명되는지를 이해했다면 다음 과제는 공식을 외우는 일이다. 이때 보통 문제집 부록으로 나오는 '공식 정리집'을 이용하면 좋다.
- 개념 정리를 할 여유가 없다면 문제부터 풀어가면서 취약한 부분이 나올 때마다 관련 개념을 찾아 공부하라.
- 문제 풀이 시, 모든 문제를 다 풀기보다 유제나 예제 위주로 개념을 정리하는 것이 좋다. 이와 더불어 실전 유형 문제를 풀어 보면 더욱 좋다.
- 기출 문제는 반드시 풀어라. 기출 문제를 통해 그동안 수능에 어떤 유형의 문제가 출제됐는지, 최근 수능은 어떤 개념을 중시하는지 파악할 수 있다.
- 혼자 풀기 힘든 문제는 해답을 보기보다 끝까지 스스로 풀려고 노력하라. 이것이 여의치 않다면 선생님에게 물어서 문제를 해결하도록 하라. 선생님에게 설명을 들으면 자신의 부족한 점을 알 수 있고, 그만큼 오래 기억에 남는다.
- 오답 노트 활용은 필수다. 틀린 문제를 직접 쓰고 풀다 보면 이해하기 쉽고, 눈으로 읽는 것보다 더 오래 기억에 남는다.
- 어려운 단원에 대해 개념 위주로 공부하기보다 문제 풀이로 여러 유형을 파악해서 감을 익혀나가는 것이 좋다. 문제를 통해 개념을 찾아가는 공부법이 효과적일 수 있다.

8

재키의 영어
따라 잡기

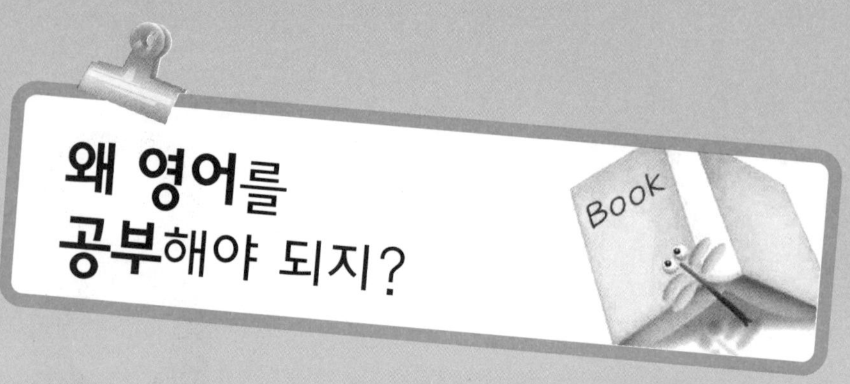

사람마다 영어 공부를 하는 이유는 다양할 것이다. 학교 영어 시험이나 수능 영어 시험을 잘 보기 위해, 전문적인 기술을 요하는 시험에서 영어를 필요로 하기 때문에, 미국으로 유학을 가기 위해 영어를 공부하는 경우도 많다.

영어를 잘하면 여러 가지 이득이 있겠지만, 그만큼 정보 수집력이 뛰어나게 되어 남들과 차별화되는 경쟁력이 생긴다.

내가 미국에 처음 와서 ESL(English Second Language) School에 다녔을 때, '왜 영어를 배우는가' 에 대한 주제로 발표를 한 적이 있다. 중학교 때나 고등학교 때는 영어라는 과목이 단지 좋았기 때문에 열심히 공부했지만, 이 주제로 발표를 하려고 하니 결코 쉽지 않았다.

'영어를 공부한다' 는 것과 '영어를 배운다' 는 것에는

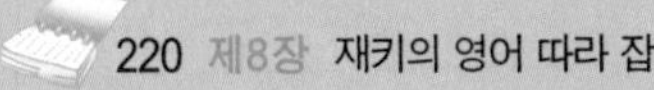

약간의 차이가 있다. 영어를 공부한다는 말은 자기 의지로 스스로 공부한다는 뜻이지만, 영어를 배운다는 것은 싫을 수도 있지만 필요나 요구에 의해 반강제적으로 한다는 의미도 포함하고 있다. 이 두 가지를 생각할 때 대부분 사람들은 지금까지 영어를 공부한 것이 아니라 배워온 것이 사실이다. 사람에 따라 하기 싫지만 해야만 하므로 '울며 겨자 먹기' 식 공부를 해왔을 것이다.

하기 싫지만 영어를 공부해야 하는 이유는 간단하다. '미국'이란 나라가 선진국이요, 강대국이기 때문이다. 물론, 다른 이유도 많이 있겠지만, 내가 생각하는 바 '종속관계' 때문이다. 종속관계란 '(신분이나 힘에서) 상위의 것에 종속되어 있는 관계'를 말한다.

예를 들어, 우리는 컴퓨터를 쓰면서 어떤 운영체제 프로그램을 사용하고 있는지 생각해 보자. 대부분 사람들은 빌 게이츠가 개발한 윈도(windows)라는 프로그램을 쓰고 있을 것이다.

빌 게이츠가 윈도라는 프로그램을 만들기 전에는 소프트웨어가 항상 하드웨어를 따라 가야만 했다. 즉, 하드웨어가 개발이 되고 나서야 소프트웨어를 업그레이드할 수 있었다. 하지만 빌 게이츠가 윈도라는 획기적이고 진보적인 소프트웨어를 발표하고 나서는 그 판도가 뒤바뀌게 되었다. 하드웨어가 소프트웨어를 따라가는 현상이 생기고, 새로운 버전의 소프트웨어를 발표할 때마다 하드웨어를 업그레이드하고 있다. 이러한 예는 종속관계를 잘 말해주고 있다.

영어도 마찬가지다. 미국이란 나라가 선진국이고 강대국이기 때문에 우리는 영어라는 제2외국어를 배우고 공부한다. 만약 영어를 배우기 싫다면 대한민국이란 나라를 하루 빨리 선진국과 강대국으로 만들어야 한다. 그렇게 하면 영어라는 제2외국어를 공부해야 할 필요성이 줄어들고, 외국인이 우리말을 배워야 할 것이다.

영어의 중요성은 지금뿐만 아니라 오래 전부터 강조되어 왔다. 이제 영어라는 것은 선택이 아닌 필수가 되었다. 우리는 초등학교 때부터, 중학교, 고등학교, 그리고 심지어 대학교 때까지 약 13년 동안 영어를 공부하는 데 많은 시간을 투자한다. 하지만 그런데도 정작 외국인을 만나면 꿀 먹은 벙어리처럼 아무 말도 못하고 쩔쩔맨다. 지금까지 영어를 학문으로서만 공부했지, 생활화하지 않았기 때문이다.

영어 공부는 하나의 생활로 받아들여야 한다. 세계는 어느덧 하나의 지구촌이 되어 가고 있기 때문에 영어의 중요성은 점점 더 강조되어 가고 있다. 그렇다면 어떻게 영어를 공부하는 것이 효과적일까?

영어 단어 공부법

　사람에 따라 영어 공부를 하는 비중이 다르겠지만 영어는 단어를 공부하는 것이 가장 기본이라고 생각한다. 물론, 영어 문법, 말하기, 듣기, 쓰기 전부다 중요하지만 이것은 영어 단어로부터 출발한다. 단어를 많이 알면 문법을 잘 못해도 대강 해석할 수 있고, 듣기나 말하기를 할 때도 많은 도움을 받을 수 있다. 그러므로 단어를 많이 알수록 영어를 공부하기가 한결 수월하다.

　그렇다면 어떻게 하면 영어 단어를 효과적으로 외울 수 있을까? 앞에서 언급했듯이 모든 공부에는 우선순위라는 것이 있다. 무조건 많은 단어를 외운다고 좋은 것이 아니라 가장 필요하고 유용한 단어부터 외우는 것이 좋다. 외워야 할 단어의 우선순위는 무엇을 공부하느냐에 따라 달라져야 한다. 공부하는 대상이 수능이냐, 토플이냐 등에 따라 외우는 단어도 달라져야 하며, 우선순위도 달라져야 한다.

　영어 단어를 암기하는 가장 좋은 방법은 반복이다. 아무리 모르는 단어라도 여러 번 반복해서 외우면 우리 뇌가 기억하게 되어 있다. 하지만 똑같은 암기를 하더라도 방법에 따라 기억하는 정도에 차이가 있다. 이 때문에 가장 효과적이고 빠른 방법으로 단어를 외워야 한다.

플래시 카드를 이용한 영어 암기법

　이 방법은 미국 학생들이 SAT를 보면서 가장 많이 활용하고 있는 것으로, 단순하지만 큰 효과가 있다. 앞장에는 외우고자 하는 단어, 뒷장에는 발음과 함께 뜻을 적어놓고 암기하는 방법이다.

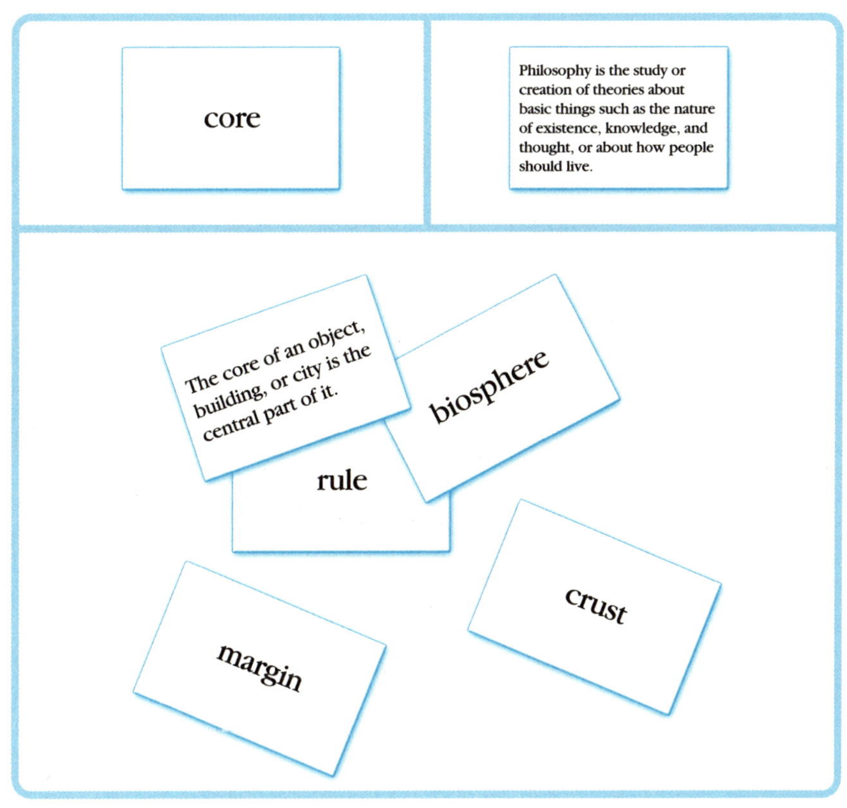

플래시 카드를 이용해 영어 단어를 암기하면 자투리 시간을 활용하기 좋다. 등·하교 시, 버스나 지하철 안, 그리고 식사 후 짬짬이 카드를 이용한다면 짧은 시간에 많은 단어를 외울 수 있다. 공부한 후 책상에 수북이 쌓인 카드를 보면 나름대로 성취감도 생길 것이다. 또한 얼마만큼 암기했는지 스스로 파악이 가능하므로 공부에 관한 동기도 부여될 것이다.

이미지 기억법

이 방법은 사람에 따라 이미지·그림 기억법 등 다양한 이름으로 말한다. 그러나 공통점은 이미지를 통해 단어를 암기한다는 것이다. 연구에 의하면, 그림은 문자보다 10배 정도 효과적으로 기억에 도움을 준다고 한다. 그렇기 때문에 단어를 문자 자체로 외우지 말고 이미지를 연상하면서 암기하는 것이 좋다.

사과, 컴퓨터, 시계 등 이미지를 먼저 떠올린 다음 문자를 겹치면서 외우면 10배 이상 단어가 오래 기억된다. 이 방법은 명사뿐만 아니라 동사나 형용사를 외울 때도 사용할 수 있다.

많은 것을 외우면 이전 것은 새로운 것에 의해 기억에 묻혀 버린다. 하지만 이미지는 방아쇠 작용을 하여 외웠던 단어가 톡 튀어 나오도록 도와주는 역할을 한다. 그러므로 이미지를 떠올리며 암기하라.

가지치기 기억법

사람에 따라 자유 연상법, 마인드 맵 연상법, 꼬리를 무는 기억법 등 많은 이름으로 불린다. 나는 이 방법이 하나에서 다른 하나로 가지를 치며 외우는 것이기에 '가지치기 기억법'이라 한다.

많은 학생들은 어렸을 때 불렀던 이 노래를 기억할 것이다. '원숭이 엉덩이는 빨개, 빨가면 사과, 사과는 맛있어, 맛있으면 바나나…'

노래는 이렇게 계속해서 이어진다. 이처럼 영어 단어도 가지에서 다른 가지를 쳐가듯이 외우면 쇠사슬 작용에 의해 연속적으로 암기하고 기억할 수 있다. 예를 들면, 다음과 같다.

> monkey → hip → red → apple → delicious → banana → long → train → fast → airplane …

몇 해 전 인기를 끌었던 토니 부잔의 『마인드 맵 북』이라는 책이 있다. 이 책은 마인드 맵 연상법에 대해 소개하고 있는데, 공부하는 학생이라면 한번쯤 읽어볼 만한 내용이다. 마인드 맵핑 즉 가지치기 기억법은 머릿속에서 거미줄처럼 지도를 그리듯이 생각하는 바를 핵심어로부터 펼쳐나가는 기법이다. 이 기법 또한 단어를 외우는 데 많은 도움이 될 것이다.

가지치기 기억법을 빨리 마스터하고 싶다면 좋은 영어 선생님을 만나라고 권하고 싶다. 이것은 혼자 할 수도 있지만, 시간과 노력이 너무 많이 요구되는 작업이기 때문이다. 이 방법으로 공부를 하다 보면 시작은 하나의 단어로 출발하지만, 끝은 수십 개 이상 많은 단어가 머릿속에 남는다. 이렇게 습득한 단어는 쇠사슬처럼 연속된 작용에 의해 쉽고 빠르게 기억 장치에 입력된다. 나중에 암기했던 것을 기억하면 도미노 게임처럼 하나가 다른 하나를 기억시키고 계속 해서 많은 단어를 기억하게 한다.

기억 세포 자극법

어떤 질문이든 아무 노력 없이 쉽게 답을 얻으면 머리에서 쉽게 나가기 마련이다. 영어 단어를 외울 때도 마찬가지다. 아무런 목적 의식과 생각 없이 단어를 암기하면 절대 외워지지 않는다. 외우게 되더라도 금방 잊어 버리게 된다. 이는 두뇌의 기억 세포에 자극을 가하지 않았기 때문이다.

단어를 어떻게 하면 잘 외우고 기억할 수 있을지 생각해 보라. 사전을 이용하는 것도 기억 세포에 자극을 주는 좋은 방법이다. 가능한 한 영영 사전을 이용하면 많은 도움을 받을 수 있다. 사전을 이용하면 모르는 단어를 찾는 동안 철자와 뜻을 생각하게 되고 표시를 해두게 된다. 그리고 단어가 포함된 문장도 함께 읽어 보고 단어의 쓰임새에 대해서도 생각해 보게 된다.

이렇게 자신이 찾고자 하는 단어에 대해 직접 생각하고 찾아볼 때 뇌에 자극이 가해진다. 이러한 자극은 두뇌의 기억 세포에 정보를 오랫동안 저장할 수 있게 한다.

접두어, 접미어를 이용해서 공부하라

오래 전부터 영어 단어를 외우기 위해 소개되었던 고전적인 방법이다. 하지만 많은 학생들이 이 방법을 잘 쓰지 않기에 이야기하고 싶다. 우리말에는 어근과 어미라는 것이 있는데, 이러한 어근과 어미만 알고 있어도 단어에 대한 대강의 의미를 알 수 있다. 영어 단어도 마찬가지다. 예를 들어, 부정을 나타내는 접두어 un, dis, mis 등이 붙는 순간 단어는 부정적 의미를 내포한다.

❶ dis(부정) + advantage(이익) = 불이익
❷ dis(부정) + like(좋아하다) = 싫어하다
❸ dis(부정) + regard(주목, 주시하다) = 무시하다

접두사와 접미사를 같이 공부하면 단어 하나를 가지고도 여러 단어를 동시에 알게 되는 효과가 있다. 영어의 법칙성을 찾아 대강의 의미를 알 수 있기 때문이다.

하지만 처음에 강조했듯이 단어를 쉽고 빠르게 외우는

가장 좋은 방법은 반복하는 것이다. 반복과 함께 지금까지 소개한 방법을 모두 이용하면 효과는 극대화된다. 이때 외운 것을 직접 쓰면서 점검하는 습관이 중요하다. 이 습관은 영어 단어를 정확하게 외웠는지 점검하는 데 도움을 준다.

영어 문법 공부하기

많은 고등학생들이 영어 문법 때문에 고생을 하고 있다. 점점 영어 독해나 듣기 그리고 회화가 강조되는 시점에서 '굳이 문법 공부를 해야 하느냐'라는 의문을 가질 수 있다. 결론부터 말하면 문법 공부는 영어 단어와 함께 기본이 되기 때문에 반드시 해야 한다. 하지만 영어 문법을 어떻게 공부하느냐가 중요하다.

문법은 처음 배울 때가 중요하다. 어떤 학생은 처음부터 자세히 공부하려 하는데 굳이 시간과 노력을 낭비하면서 그럴 필요는 없다. 단, 처음부터 잘 배우되 가장 필요하고 기본이 되는 문법을 배우면 된다.

아직도 학생들은 영어 문법을 공부하면서 1장 명사부터 22장 화법까지 많은 단원을 수박 겉핥기 식으로 대충 보는 경향이 있다. 이런 문법 공부는 공부한 양에 비해 남는 것이 거의 없다.

그러므로 가장 중요하고 시험에 많이 나오는 기본 문법을 먼저 공부해야 한다. 영어 기본 문법은 필수요, 고급 문법은 선택이다.

문법을 잘한다고 해서 영어 독해나 듣기 그리고 회화까지 잘한다는 법은 없다. 도움이 되는 것이 사실이기는 하지만 때에 따라 오히려 문법을 많이 아는 것이 해가 되는 경우도 있다. 예를 들면, 독해를 잘하기 위한 방법으로 문장이 쓰여진 순서대로 읽고 이해하는 직독, 직해가 있다. 하지만 영어 문법을 많이 생각하면 하나씩 다 따져가며 번역하게 된다. 이러한 번역은 결코 영어 독해를 잘하고자 하는 학생에게는 도움이 되지 않는다.

미국인과 만나 영어로 대화를 한다고 생각해 보자. 나는 미국의 ESL School에서 수업을 들을 때 한국에서 영어를 가르치는 선생님과 한 반이 되었다. 그는 관광도 하고 영어 회화 실력을 늘리고자 미국까지 와서 수업을 듣는다고 하였다. 영어 문법 실력으로 따지자면 미국인 선생님을 능가했다. 하지만 그는 하나하나 문법을 따지다 보니 결국 영어로는 말도 못하는 벙어리가 되어 있었다.

영어 문법을 공부하는 이유는 말을 잘하기 위한 기본 뼈대를 만들기 위해서다. 하지만 너무나 자세히 공부하다 보면 오히려 얻는 것보다 잃는 것이 많으므로, 영어 문법을 처음부터 잘 배우되 가장 기본이 되는 것부터 확실히 익히도록 하라. 그리고 나서 필요에 따라 중급이나 고급 문법을 공부하라.

이를 위해서는 자신에게 가장 맞는 영어 문법책을 고르는 것이 중요하다. 시중에 나와 있는 많은 책 중에서 자신의 실력에 맞고, 기본 문법이 잘 설명되어 있으며, 예제도 적절하고 보기 좋은 책을 고르라.

오래 전에 나온 문법책은 가능한 한 피하라. 이러한 책은 지나칠 정도로 문법이 자세하게 나와 있기 때문이다.

여러 가지 문법책은 보지 말기 바란다. 여러 가지 책을 많이 볼수록 혼동만 가중되고 이것저것 공부해야 할 것이 많다는 걱정만 늘어난다. 그러므로 자신에게 가장 알맞는 문법 책 한 권만 고르도록 하라. 그 책으로 수능이 끝나는 마지막 날까지 공부하고 또 공부해서 필요한 기본 문법을 정확히 알 수 있도록 하라.

영어 문법 노트를 이용하는 것도 좋다. 필요에 따라 중요한 영어 문법을 노트에 적으라. 간단한 설명과 함께 예제를 반드시 하나 정도 적는 것이 중요하다. 많은 문법을 욕심 내어서 공부하는 것보다 시험에 많이 출제되고 자신에게 필요한 문법을 노트에 적어서 우선순위로 공부하는 것이 효과적이다.

영어 독해를 위한 베스트 지침

　　영어 독해를 잘하는 방법 중 하나는 문장이 쓰인 순서대로 읽고 이해하는 직독, 직해라 했다. 무엇보다 직독과 직해를 잘하기 위해서는 많은 양의 영어 원서를 읽는 것이 좋다. 원서를 많이 읽다 보면 자기도 모르게 국어책을 보듯이 읽어 나갈 수 있다. 하지만 공부하는 학생이 많은 양의 영어 원서를 읽기에는 시간이 절대적으로 부족하다. 그러므로 짧은 시간에 적은 양으로 직독, 직해하는 방법에 대해 생각해 보자.

　　무엇보다 독해를 할 때 모르는 문법이나 단어를 하나씩 찾는다는 생각에서 벗어나는 것이 중요하다. 국어로 된 책이나 신문을 읽으면서 모르는 문법이나 단어가 있다고 해서 하나씩 찾아가면서 읽지는 않을 것이다. 영어 독해도 마찬가지다. 모르는 문법이나 단어가 직독, 직해하는 데 방해가 되어서는 안 된다. 모르더라도 그냥 읽어 넘어가는 것이 중요하다. 이때 영어에 감각이 있는 사람이라면 앞뒤 문맥을 보고 모르는 것을 유추할 수 있다. 그래서 배경 지식이 많아야 한다.

　　배경 지식을 많이 얻기 위해서는 책을 많이 읽어야 한다. 책을 많이 읽은 사람은 직독, 직해를 보다 빨리 숙달할 수 있다. 앞뒤 문맥만 보고도 배경 지식을 이용하여 모르는 것을 유추해 낼 수 있기 때문이다.

배경 지식은 문제를 풀 때 많은 도움을 준다. 설령 독해를 다하지 못하더라도 문제를 배경 지식과 결합하면 답을 찾아 낼 수 있기 때문이다.

직독, 직해와 비교되는 말로 번역이라는 것이 있다. 번역은 외국어를 우리말로 바꾸는 것을 의미한다. 많은 학생들이 영어 독해를 한다지만, 여전히 번역을 하고 있음을 알아야 한다. 번역은 직독, 직해를 하는 데 큰 걸림돌이 될 뿐만 아니라, 말하기나 듣기에도 보이지 않는 적이 된다.

우리는 번역을 하면 독해를 3단계 과정으로 하곤 한다. 영어 → 번역 → 독해. 하지만 영어 공부를 잘하기 위해서는 영어 → 독해, 즉 번역이라는 중간 과정을 생략해야 한다.

내가 중·고등학생 시절 영어를 가르치는 선생님들은 독해를 하기보다 거의 번역에 가까운 수업을 했다. 문법을 설명하고, 모르는 단어를 하나씩 뜻을 풀어가며 문장을 분석하고, 우리말로 바꾸는 번역을 토대로 독해라는 것을 했다. 그러다 보니 원문을 이해하는 데 많은 어려움이 있었다. 번역을 하면 이해 정도에 따라 독해가 달라지는데도 막무가내로 답에 맞춰 번역을 독해처럼 하고 있었기 때문이다.

우리는 아직까지 번역이라는 틀에서 벗어나지 못하고 있다. 번역이라는 작업은 때에 따라 필요하지만, 많은 시간과 노력이 필요하며, 영어를 잘하는 데 악영향을 미치기 때문에 빨리 벗어나도록 해야 한다.

영어 독해를 할 때 여러분은 직독, 직해를 하는지 번역을 하는지 생각해 보라. 많은 학생들은 여전히 직독, 직해보다 번역을 통한 독해를 하고 있을 것이다.

그러나 직독, 직해를 하면 짧은 시간 많은 양의 독해를 할 수는 있지만, 실수할 확률이 그만큼 높다. 그래서 바른 독해가 필요하다.

가장 궁극적으로 추구해야 할 것은 직독, 직해를 통한 바른 독해이다. 하지만 네이티브가 되지 않는 한 직독, 직해를 통한 바른 독해를 하기란 쉽지 않다. 그래서 내가 사용하는 방법은 직독, 직해와 번역의 장점을 이용하는 것이다. 미국에서 수많은 원서를 이 방법으로 공부한 결과 짧은 시간 동안 많은 양의 책을 읽고 정확히 이해하여 시험을 잘 볼 수 있었다.

컴퓨터 네트워킹에 관한 수업을 들을 때였다. 일주일에 세 번 듣는 수업이었지만, 신경을 많이 쓸 수 없었다. 수업도 생각보다 쉬웠다. 매시간 퀴즈는 봤지만 집에서 해 오는 것이었고, 중간에 네트워킹에 관한 프로젝트가 있었지만 시간적 여유를 두고 어렵지 않게 할 수 있었다. 그런데 문제가 된 것은 마지막에 한 번 보는 기말 고사였다. 과목을 어렵지 않다고 여긴 탓이다. 수학 과외와 다른 과목 공부를 하느라 정신 없는 나날을 보내다가 네트워킹 기말

고사가 하루밖에 남지 않음을 알았다.

당시 아무리 진정하려 해 보았지만, 시험 범위가 무려 500페이지짜리 영어 원서여서 포기하고만 싶었다. 한 번뿐인 시험을 망치면 지금까지 힘들게 들어왔던 수업이 순식간에 물거품이 되는 순간이었다. 많은 고민을 했다. 500페이지짜리 영어 원서에 도전을 할 것인가, 수업을 듣기 위해 아침 일찍 일어났던 고생을 헌신짝처럼 버릴 것인가. 고민 끝에 안 하고 후회하느니, 실패하더라도 하는 것이 더 현명하다고 판단했다.

그래서 시간을 계산해 보았다. 때는 수학 과외가 끝나고 도서관에 도착한 밤 10시. 날을 새더라도 확보할 수 있는 시간은 최대 9시간이었다. 하지만 날을 샌다는 것은 피곤한 나로서는 무리였기에 최소 3시간은 자고 6시간을 공부하기로 했다.

계획은 세워졌다. 일단 2시간 이내에 500페이지짜리 책을 직독, 직해하며 통독하기로 했다. 이때 중요하다고 생각하는 부분은 밑줄을 긋거나 표시만 하고 넘어가기로 했다. 두 번째부터는 밑줄을 긋거나 표시한 것을 바탕으로 2시간 동안 다시 읽어 보고 핵심 내용을 파악하며 번역하여 정확히 정독하기로 했다. 이렇게 4시간을 공부한 후에는 3시간을 자고, 새벽 5시에 일어나 학교 가기 전 2시간 동안 다시 한 번 해석해 보고 핵심 사항을 외우기로 했다. 그리고 가지치기 기억법, 이미지 기억법을 동원해서 핵심 사항을 완전히 공부하기로 했다.

아침 7시, 시험을 보러 가는 동안 불안하기도 했지만, 한 번이라도 공부했다는 것으로 자신을 위로했다. 드디어 컴퓨터 네트워킹 기말 고사로 객관식과 주관식을 합쳐 40문제를 보는데, 내 예상은 적중했다. 시험 범위가 넓다 보니 가장 중요한 사항이 출제되었다. 많은 공부를 하지 못한 관계로 A는 받지 못했지만 A⁻를 받을 수 있었다.

이 경험에서 말하고자 하는 것은 직독과 직해와 번역을 같이 이용하는 방법이다. 2시간 동안 500페이지짜리 책을 읽으면서 나는 직독, 직해를 했다. 하지만 네이티브가 아니기에 이해하는 데 많은 어려움이 있었다. 그래서 나머지 2시간 동안 번역을 통한 정독을 함으로써 정확히 이해하려고 했다. 자고 나서 다시 공부할 때는 내용을 어느 정도 정확히 이해했기에 암기 또한 잘할 수 있었다. 다시 말하지만 가장 좋은 방법은 직독, 직해를 통한 바른 독해이다. 하지만 네이티브가 아닌 한 한계가 있기 때문에 직독, 직해와 번역을 같이 사용하는 것이 가장 합리적인 방법일 것이다.

뻥 뚫리는 영어 듣기

영어 영역 중에 가장 어려운 것이 있다면 아마도 듣기일 것이다. 독해는 글을 읽으면 되고, 쓰기는 사전의 도움을 받으면 되지만, 듣기는 아무 도움 없이 자신의 힘만으로 해야 하기 때문에 어려움이 많다. 영어를 잘 말하려면 일단은 잘 들어야 한다. 그렇다면 어떻게 해야 영어 듣기 공부를 잘할 수 있는지 알아보자.

'영어 듣기에 왕도가 없다.' 는 말은 사실인 것 같다.

나는 지난 2년여 동안 미국 유학 생활을 하면서 나름대로 영어 듣기를 잘하고자 노력했다. 하지만 학교에서 수학 보조 교사로 일하고, 수학 과외며, 많은 과목들의 숙제를 하다 보니, 영어 듣기 공부를 따로 할 시간이 없었다.

한번은 세 명이 살고 있는 아는 형 집에 저녁을 얻어먹으러 놀러 갔다. 저녁을 먹고 난 후 미국 쇼 프로그램을 보기 시작했는데, 형들이 재미있다고 웃었다. 나는 귀를 세우고 있었지만 잘 들리지 않았는데, 형들은 이해했다는 듯 웃는 것이었다. 순간 얼굴이 화끈거리며 내 자신이 창피했다. 영어라면 자신이 있었는데 쇼 프로그램조차 이해하지 못했다는 자책감이 더욱 창피하게 했다. 형들은 다 웃는데 나도 웃지 않을 수 없어서 나오지 않는 웃음을 만들어가며 애써 웃었다. 쇼 프로그램이 끝나고 형들한테 솔직하게 얘기했다.

"난 도무지 무슨 이야기를 하는지 이해가 되지 않았는데 형들은 다 이해가 되었습니까?"

형들은 이구동성으로 이렇게 이야기했다.

"우리는 집에서 늘 텔레비전을 보기 때문에 매일 같이 그런 쇼 프로그램을 접하게 되어 영어 속어뿐만 아니라 대화의 90% 이상을 이해하는 거야."

순간 영어 듣기에는 왕도가 없다는 것을 깨달았다. 또한 많이 듣고 연습한 사람만이 귀가 뚫린다는 것도.

듣기를 많이 하다 보면 자연히 귀가 뚫리게 되어 있다. 그래서 이 사건을 계기로 나는 시간이 나는 대로 무엇이든 듣기 시작했다.

그러던 어느 날, 학교에 가는 길이었다. 운전을 하며 라디오를 듣는데 웃고 있는 나 자신을 발견했다. 라디오에서 나오는 대화를 이해하고 웃었던 것이다. 계속해서 영어를 듣다 보니 드디어 자연히 귀가 뚫렸나 보다.

거듭 말하지만, 영어 듣기를 잘하고자 한다면 많이 들어라. 그러면 귀가 뻥 뚫린다.

'이런 방법 말고도 효과적인 영어 듣기 공부 방법이 없을까' 라고 생각하는 학생이 있다면 다음 방법을 소개해 주고 싶다.

짧은 시간에 영어 듣기 정복하기

① 능동적 자세로 Listening을 하라

Hearing과 Listening의 차이를 아는지 묻고 싶다. Hearing은 '들리는 것'이고, Listening은 '듣는 것'이다. 우리는 영어 듣기를 할 때 Listening을 한다고 하지 Hearing을 한다고 하지는 않는다. 영어를 많이 들으면 좋지만, 생각 없는 듣기는 시간과 노력을 낭비하게 한다. 영어 듣기 공부를 할 때는 말하는 사람이 무엇에 대해 얘기하려는지 생각하는 것이 좋다. 무엇보다 잘 들으려는 능동적 자세를 하고 Listening하는 습관을 가져야 한다.

② 번역하지 마라

영어 듣기가 힘든 학생의 가장 큰 문제점은 번역을 통해 이해를 하려는 것이다. 영어 듣기 시험은 전체 내용을 파악해야 문제를 풀 수 있는데, 번역을 하면 한두 문장 정도 이해하는 중에 문제가 어느덧 끝나고 만다. 그래서 우리는 3단계 과정인 '듣기 → 번역 → 이해'에서 '듣기 → 이해'라는 두 단계로 시험을 끝내야 한다. 이를 위해서 생각하며 영어 듣기를 하라.

③ 받아쓰기를 하라

받아쓰기 방법은 짧은 시간 동안 영어 듣기 공부에 많은 도움을 줄 것이다. 영어 듣기 실력을 높이기 위해 이어폰을 꽂고 영어 대화를 많이 들어도 이내 졸음이 오고 집중이 되지 않는 때가 많다. 이런 듣기 훈련만 하면 자신이 가진 문제점을 잘 파악할 수 없다. 자신이 무엇을 들었으며, 무슨 문장을 오해했는지 알 수 없기 때문이다.

하지만 받아쓰기를 하면 이런 잘못된 점이나 실수를 발견할 수 있다. 일단은 영어 듣기를 할 때 쉬운 문장은 넘어가고 잘 들리지 않는 문장은 반복하여 들으며 받아 쓰기를 하라.

④ 기본 패턴을 완전히 암기하라

받아쓰기를 해 본 사람이라면 자신의 문제점과 실수를 파악하는 동시에 하나의 공통점을 발견할 수 있을 것이다. 그것은 바로 영어 듣기를 할 때마다 단골 메뉴로 나오는 기본 패턴이 있다는 것이다.

여기서 기본 패턴은 두 가지를 가리킨다. 가장 많이 나오는 대화 지문과 정해진 상황이다.

당장 영어 듣기 책을 펼쳐 보라. 다른 상황에서 같은 대화를 하고 있음을 발견할 수 있을 것이다. 그러므로 가장 기본이 되는 기본 문장을 암기하도록 하라.

또한 영어 듣기 문제를 많이 풀다 보면 정해진 상황들이 있다는 것을 파악할 수 있다. 이러한 문제들은 처음 대화 문장만을 가지고도 답을 유추해 낼 수 있으므로 정해진 상황을 숙지하도록 하라.

⑤ 말로 따라 하며 영어 듣기를 하라

이 방법은 기본 패턴을 아는 데 많은 도움을 준다. 자신이 받아쓰기 한 영어를 기본으로하여 테이프에서 들려오는 네이티브 발음을 직접 따라 해 보라. 이렇게 하면 기본 패턴인 정해진 대화 구문을 암기할 수 있으며, 정해진 상황을 머릿속에 생각하게 된다.

말하기는 듣기에서 중요한 음의 변화를 알 수 있게 한다. 영어 듣기가 어려운 이유 중 하나는 연음과 탈락이라는 현상 때문이다. 영어 말하기는 편의성과 경제성을 요구한다. 그러다 보니 편의성을 위해 연음으로 발음하게 되고, 경제성을 위해 불필요한 음절은 고의로 생략해 버리는 경우가 많다. 영어를 말로 따라 훈련하면 연음과 탈락을 생각해 볼 수 있고 직접 배울 수도 있다.

⑥ 많은 것을 경험해 보라

영어 듣기를 위한 다른 방법으로는 많은 경험을 해 보라고 말하고 싶다. 많은 경험은 여행이 될 수 있고, 책을 읽는 것이 될 수도 있다. 여행은 직접 체험이 될 것이며 책을 읽는 것은 간접 체험이 될 것이다.

경험이 중요한 이유는 보다 상황을 빨리 이해함으로써 말하는 사람의 목적과 의도를 파악할 수 있기 때문이다. 여행을 많이 하다 보면 여러 가지 상황에 접하게 된다. 듣기에서만 알아왔던 것을 서점이나 레스토랑 등에서 직접 부딪치며 배울 수 있다. 책을 많이 읽으면 배경 지식이 많이 쌓이는데, 이런 배경 지식은 유추라는 논리적 사고력을 향상시켜 답을 찾는 데 많은 도움을 준다.

⑦ 자투리 시간을 이용하라

영어를 잘하기 위한 방법으로는 많이 듣는 것만큼 좋은 것이 없다. 많이 듣기 위해서는 자투리 시간을 효과적으로 잘 이용하는 것이 중요하다.

단어를 외우거나 책을 읽는 것도 하나의 방법이 될 수 있지만, 영어 듣기만큼 자투리 시간을 잘 활용할 수 있는 것도 없다. 그냥 듣기만 하면 되기 때문이다.

자투리 시간에 자신이 선택한 영어 테이프나 라디오 영어 방송을 들어라. 앞에서 언급한 방법들과 함께 듣기 훈련을 하면 보다 빨리 귀가 뚫린다는 사실을 잊지 마라.

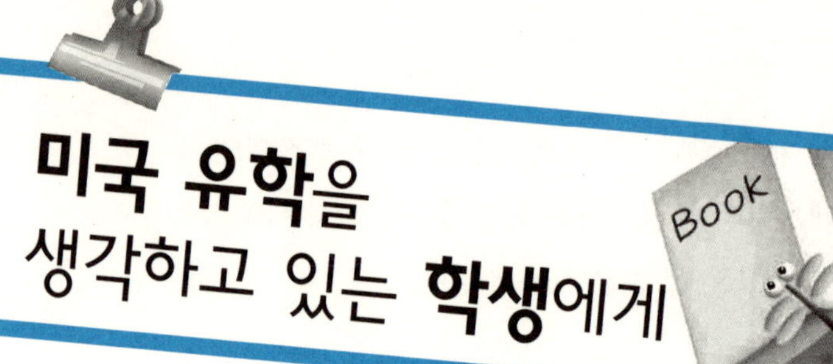

이 글을 읽는 몇몇 학생들은 미국이나 다른 나라로 유학을 가는 것에 대해 생각하고 있을 것이다. 유학을 하는 이유는 여러 가지가 있겠지만, 무엇보다 영어를 보다 잘 배우고 이용하려는 목적이 많을 것이다.

유학을 와 보면 한국인들이 얼마나 '우물 안 개구리' 식으로 영어를 공부하고 있는지 알게 될 것이다. 시험을 잘 보기 위해 열심히 외웠던 단어는 써먹지 못하고, 듣기는 시험을 볼 때와 매주 다르다는 것을 직접 느끼게 될 것이다. 영어 회화와 듣기가 얼마나 중요한 비중을 차지하는지도 새삼 깨닫게 될 것이다.

처음 미국에 와서 미국인과 대화를 할 때였다. 나는 대화를 하기 전에 모든 문장을 머릿속에 만들어 놓고 문법과 단어를 따져가며 멋지게 말을 했다. 하지만 미국인은 내가 다른 나라 말을 하는 것인 양 이해를 하지 못했다. 난 순간

당황될 수밖에 없었다. 영어라면 자신 있는 나였기에 더욱 충격이 컸다. 이유인즉, 내 발음에 문제가 있었다. 유창하게 한답시고 혀를 굴렸다가 못 알아들어서 한국식 발음으로 했지만, 돌아오는 반응은 이해하지 못하겠다는 표정이었다.

당황하는 나에게 미국인이 뭐라 애기했다. 난 이해를 할 수가 없었다. 아니 들리지 않았다. 당황했던 탓도 있었지만, 테이프로만 들어왔던 영어와 엄청나게 달랐기 때문이다. 항상 또박또박 발음하며 억양과 강세를 말하던 그런 듣기 문제 영어 회화와는 판이하게 달랐다. 난 자책하는 동시에 흑인이었기에 내 말을 못 알아들었을 거라 생각했지만, 결국 자기 합리화밖에 되지 않았다. 나중에 다른 미국인들을 만나 봤지만, 그들 역시 내 말을 이해하지 못했고, 나 또한 그들 말을 알아들을 수 없었다. 이쯤 되면 영어 말하기와 듣기가 얼마나 중요한지 알게 되었을 것이다.

앞에서 영어 듣기에 관해 말했기에 이번에는 영어 말하기에 대해 기록해 본다.

'영어를 유창하게 말한다'는 것은 같은 영어를 반복하지 않고 끊임없이 매끄럽게 이야기한다는 것이다. 또한 자기 생각과 의견을 논리적으로 말하는 것을 의미하기도 한다. 이는 어떤 상황이든지 자신이 하고자 하는 말을 영어로 정확하게 상대방에게 전달할 수 있어야 가능하다. 영어 회화를 배우는 학생이라면 누구나 유창하게 영어로 말하고 싶을 것이다. 어떻게 하면 영어로 유창하게 잘 말할 수 있을까. 나도 비록 유창하게 영어로 말하지는 못하지만 그렇게 되기 위해 매일 다음과 같이 노력하고 있다.

발음에 자신감을 가져라

영어를 유창하게 말한다는 것에는 발음도 네이티브 수준이라는 뜻을 내포하고 있다. 물론 네이티브처럼 된다는 것은 쉬운 일이 아니며, 굳이 발음을 네이티브처럼 할 필요도 없다. 하지만 발음까지 네이티브 수준이 된다면 영어 말하기에 자신감이 생길 것이다.

영어는 언어 특성상 한국 말과는 달리 리듬이나 강세, 억양 등에서 많은 차이가 있다. 때문에 유창한 발음을 원한다면 많은 연습을 해야 한다.

내 경우 중학교를 다니면서 스님인 황승우 영어 선생님에게 발음 지도를 배웠다. 매일 학원에 다니며 1년 동안 배운 것은 많은 단어와 발음이었다. 처음에는 아무것도 모르고 배웠지만, 이 선생님 덕분에 발음만큼은 자신감이 생겼다.

나는 선생님이 하시는 발음을 가능한 한 똑같이 모방하려 했다. 집에 와서도 거울을 보고 입술 모양을 살펴가며 최대한 똑같이 발음하려 했다. 이런 노력 결과 중·고등학교 시절 영어 웅변 대회에 대표로 뽑힐 수 있었으며, 미국에 와서도 수학 과외를 얻는 데 많은 도움을 받았다.

기본 문장을 많이 외우라

내 경우 많은 기본 문장을 머릿속에 담고 있다. 그래서 필요한 상황에 따라 단어를 적절히 바꿔가며 미국인들과 대화한다. 비록 나는 영어 실력이 뛰어나지는 않지만, 많은 기본 문장 덕분에 유창하게 영어로 이야기한다는 말을 듣는다. 수학 과외를 할 때도 영어로 수학을 설명하는 기본 문장을 많이 암기하고 있다 보니 그때만큼은 네이티브 정도로 말하게 되었다.

영어로 유창하게 말하고자 한다면 무엇보다 가장 많이 써먹을 수 있는 기본 문장을 외우는 것이 중요하다. 그리고 가능한 한 많은 상황을 접하며 그때마다 적절히 단어를 바꾸도록 하라. 그러면 하나의 문장으로도 수많은 대화 구문을 만들 수 있다.

실수는 성공의 어머니다
두려워하지 마라

　미국 사람과 대화하는 것 자체를 두려워하는 사람은 절대 영어로 잘 말하지 못할 것이다. 물론 모든 사람이 처음부터 잘 말할 수는 없다. 실수도 많이 하고 흔히 말하는 콩글리쉬로도 이야기한다. 하지만 미국인들은 우리가 네이티브가 아니라는 점을 알고 이해하려 하기 때문에 실수를 두려워할 필요가 없다. 내 경험상 많이 실수할수록 많이 배웠다.

한국말을
번역 또는 영작하지 마라

　지금까지 수많은 미국인과 대화를 하면서 종종 말이 막히는 경우가 있었다. 그때마다 말이 막히는 원인을 분석한 결과 한국말을 영어로 번역하려 했기 때문이라는 것을 알았다. 영어로는 한국말을 전부 표현할 수 없는데도 나는 한국말과 똑같이 영작을 하려 했다. 단어 하나 안 빼고 한국말이 가지고 있는 뉘앙스까지 표현하려다 보니 결국 말도 못하고 넘어가는 경우가 허다했다.

우리에게 필요한 것은 외국인의 사고방식과 영어 발상이다. 외국인의 사고방식을 이해하고 영어 발상을 하면 한국말을 영어로 번역하는 것을 피할 수 있다. 한국말을 영어로 번역하지 말고 영어 발상을 하라.

영어로 말하는 습관을 가져라

유학 생활 중에서 지켜야 할 사항 중 하나는 한국 사람을 가능한 한 만나지 않는 것이다. 비싼 돈 들여가며 영어를 배우러 가서 한국 사람들과 만나 이야기하는 순간이 많을수록 유학 온 의미가 없어진다. 그만큼 영어로 말할 수 있는 기회가 줄어들기 때문이다.

영어로 말하는 습관을 만들기 위해서는 스스로 영어로 말할 수 있는 상황과 조건을 만들어야 한다. 내 경우 학교에서 수학 튜터라는 직업과 수학 과외 자리를 직접 구했다. 경제적으로 도움을 받고 영어 말하기 실력을 늘리려는 목적에서였다. 99% 영어로 설명하고 문제를 풀어야 했기 때문에 영어 말하기 실력이 향상될 수밖에 없었다. 나중에는 같은 말을 여러 번 하다 보니 네이티브만큼 영어로 유창하게 말할 수 있게 되었다.

유학을 생각하는 학생이라면 영어 회화에 많은 시간과

노력을 투자해야 한다. 유학 와서 기초 영어부터 배우려는 생각은 잘못됐다. 같은 돈으로 한국에서 공부하면 더 좋은 환경에서 영어를 빨리 숙달하는 것도 사실이다. 그러므로 영어 실력의 80%는 한국에서 만들고 미국에서는 부족한 20%를 채운다고 생각하는 것이 바람직하다.

내 경우 ESL를 두 달만에 졸업하고 학교 수학 튜터를 구하는 데 정확히 5개월이란 시간이 걸렸다. 하지만 한국에서 보다 더 완벽하게 영어 실력을 만들어 온다면 ESL도 두 달이 아닌 한 달, 아니 다닐 필요 없이 바로 학교에 입학해서 보다 좋은 공부 환경을 만들 수 있다.

새로운 꿈과 목표를 위해

이 책은 내가 지금까지 공부하면서, 또 많은 학생들을 가르치면서 실패와 경험을 토대로 어떻게 하면 공부를 잘 할 수 있는지를 정리한 것이다.

모든 공부 방법은 절대적인 것이 아니라 상대적인 것이다. 그러므로 무조건 다른 누군가의 공부 방법을 답습하는 것보다 능동적 자세로 필요한 것만 받아 들여 자기만의 공부 방법을 만드는 것이 중요하다.

이 책이 공부를 잘하고자 하는 학생들에게 많은 힘과 격려가 되면 좋겠다. 단 한 명에게라도 도움이 된다면 나는 감사할 것이다.

지난 학창 시절 누구보다 열심히 공부했지만, 공부하는 방법에 문제가 있었기에 나는 많은 실패를 경험해야 했다. 결국 공부를 잘한다는 것은 열심히 한다는 기본 전제 아래 얼마나 좋은 학습 방법으로 자신과의 싸움을 이기느냐에 달려 있다. 학습 태도와 공부하는 방법, 자신과의 싸움에서 승리라는 삼박자가 맞을 때 비로소 우등생이 될 수 있다.

실패를 두려워하지 말고 일단 시작하라. 똑똑한 사람은 성공만을 좋아하지만, 현명한 사람은 실패를 겸허히 받아들인다. 그리고 실패를 경험 삼아 성공한다.

이제 미국에 온 지도 벌써 8년이 되어가고 있다. 그동안 힘든 일도 많았지만, 지금까지 계획한 바를 잘 실천하며 최선을 다 했기에 꿈꿔왔던 일들이 하나씩 이루어지지 않았나 생각한다.

하지만 과거보다 중요한 것은 현재고, 현재보다 중요한 것은 미래다. 멋진 미래를 위해 현실에 안주하지 않고 또 다른 꿈을 이루고자 나는 누구보다 더 열심히 노력할 것이다. 여러분도 자신을 믿고 잘할 수 있다고 체면을 걸기 바란다.

모든 일과 공부에 긍정적인 사고를 가지고 임하라. 매

일 자신의 꿈을 그리며 그 꿈을 이루기 위해 노력하라. 그러면 마침내 그 꿈이 하나씩 이루어질 것이다.

마지막으로 이 책을 출간하기까지 도움을 주신 많은 분들께 이 자리를 빌어 감사하다는 말씀을 드린다. 이 세상 어느 누구보다 나에게 따뜻한 사랑과 격려를 아끼지 않으며, 항상 나를 믿고 함께하는 평생의 반려자 김세희에게 이 책을 바친다. 그리고 언제나 나의 안녕을 기원하는 부모님과 우리 가족, 항상 좋은 말씀과 기도로 후원해 주시는 장인 어른과 장모님께도 감사를 드린다.

멀리 떨어져 있지만 항상 나를 응원해 주는 베스트 프렌드 조상우, 태일 패밀리, 서용준, 정연상, Jay, David, Ted 등 많은 한국과 미국 친구들에게도 감사한다. 더불어 아직도 많이 부족한 나를 믿고 열심히 공부하는 학생들에게도 고마움을 전한다.

가림출판사 · 가림M&B · 가림Let's에서 나온 책들

문 학

바늘구멍
켄 폴리트 지음 / 홍영의 옮김 / 신국판 / 342쪽 / 5,300원

레베카의 열쇠
켄 폴리트 지음 / 손연숙 옮김 / 신국판 / 492쪽 / 6,800원

암병선
니시무라 쥬코 지음 / 홍영의 옮김 / 신국판 / 300쪽 / 4,800원

첫키스한 얘기 말해도 될까
김정미 외 7명 지음 / 신국판 / 228쪽 / 4,000원

사미인곡 上·中·下
김충호 지음 / 신국판 / 각 권 5,000원

이내의 끝자리
박수완 스님 지음 / 국판변형 / 132쪽 / 3,000원

너는 왜 나에게 다가서야 했는지
김충호 지음 / 국판변형 / 124쪽 / 3,000원

세계의 명언 편집부 엮음 / 신국판 / 322쪽 / 5,000원

여자가 알아야 할 101가지 지혜
제인 아서 엮음 / 지창욱 옮김 / 4×6판 / 132쪽 / 5,000원

현명한 사람이 읽는 지혜로운 이야기
이정민 엮음 / 신국판 / 236쪽 / 6,500원

성공적인 표정이 당신을 바꾼다
마츠오 도오루 지음 / 홍영의 옮김 / 신국판 / 240쪽 / 7,500원

태양의 법
오오카와 류우호오 지음 / 민병수 옮김 / 신국판 / 246쪽 / 8,500원

영원의 법
오오카와 류우호오 지음 / 민병수 옮김 / 신국판 / 240쪽 / 8,000원

석가의 본심
오오카와 류우호오 지음 / 민병수 옮김 / 신국판 / 246쪽 / 10,000원

옛 사람들의 재치와 웃음
강형중 · 김경익 편저 / 신국판 / 316쪽 / 8,000원

지혜의 쉼터
쇼펜하우어 지음 / 김충호 엮음 / 4×6판 양장본 / 160쪽 / 4,300원

헤세가 너에게
헤르만 헤세 지음 / 홍영의 엮음 / 4×6판 양장본 / 144쪽 / 4,500원

사랑보다 소중한 삶의 의미
크리슈나무르티 지음 / 최윤영 엮음 / 신국판 / 180쪽 / 4,000원

장자-어찌하여 알 속에 털이 있다 하는가
홍영의 엮음 / 4×6판 / 180쪽 / 4,000원

논어-배우고 때로 익히면 즐겁지 아니한가
신도희 엮음 / 4×6판 / 180쪽 / 4,000원

맹자-가까이 있는데 어찌 먼 데서 구하려 하는가
홍영의 엮음 / 4×6판 / 180쪽 / 4,000원

아름다운 세상을 만드는 사랑의 메시지 365
DuMont monte Verlag 엮음 / 정성호 옮김
4×6판 변형 양장본 / 240쪽 / 8,000원

황금의 법
오오카와 류우호오 지음 / 민병수 옮김 / 신국판 / 320쪽 / 12,000원

왜 여자는 바람을 피우는가?
기젤라 룬테 지음 / 김현성 · 진정미 옮김 / 국판 / 200쪽 / 7,000원

세상에서 가장 아름다운 선물
김인자 지음 / 국판변형 / 292쪽 / 9,000원

수능에 꼭 나오는 한국 단편 33
윤종필 엮음 / 신국판 / 704쪽 / 11,000원

수능에 꼭 나오는 한국 현대 단편 소설
윤종필 엮음 및 해설 / 신국판 / 364쪽 / 11,000원

수능에 꼭 나오는 세계단편(영미권)
지창영 옮김 / 윤종필 엮음 및 해설 / 신국판 / 328쪽 / 10,000원

수능에 꼭 나오는 세계단편(유럽권)
지창영 옮김 / 윤종필 엮음 및 해설 / 신국판 / 360쪽 / 11,000원

대왕세종 1·2·3
박충훈 지음 / 신국판 / 각 권 9,800원

세상에서 가장 소중한 아버지의 선물
최은경 지음 / 신국판 / 144쪽 / 9,500원

건 강

아름다운 피부미용법
이순희(한독피부미용학원 원장) 지음 / 신국판 / 296쪽 / 6,000원

버섯건강요법
김병각 외 6명 지음 / 신국판 / 286쪽 / 8,000원

성인병과 암을 정복하는 유기게르마늄
이상현 편저 / 캬오 샤오이 감수 / 신국판 / 312쪽 / 9,000원

난치성 피부병
생약효소연구원 지음 / 신국판 / 232쪽 / 7,500원

新 방약합편
정도명 편역 / 신국판 / 416쪽 / 15,000원

자연치료의학 오홍근(신경정신과 의학박사 · 자연의학박사) 지음
신국판 / 472쪽 / 15,000원

약초의 활용과 가정한방
이인성 지음 / 신국판 / 384쪽 / 8,500원

역전의학
이시하라 유미 지음 / 유태종 감수 / 신국판 / 286쪽 / 8,500원

이순희식 순수피부미용법
이순희(한독피부미용학원 원장) 지음 / 신국판 / 304쪽 / 7,000원

21세기 당뇨병 예방과 치료법
이현철(연세대 의대 내과 교수) 지음 / 신국판 / 360쪽 / 9,500원

신재용의 민의학 동의보감
신재용(해성한의원 원장) 지음 / 신국판 / 476쪽 / 10,000원

치매 알면 치매 이긴다
배오성(백상한방병원 원장) 지음 / 신국판 / 312쪽 / 10,000원

21세기 건강혁명 밥상 위의 보약 생식
최경순 지음 / 신국판 / 348쪽 / 9,800원

기치유와 기공수련
윤한홍(기치유 연구회 회장) 지음 / 신국판 / 340쪽 / 12,000원

만병의 근원 스트레스 원인과 퇴치
김지혁(김지혁한의원 원장) 지음 / 신국판 / 324쪽 / 9,500원

김종성 박사의 뇌졸중 119
김종성 지음 / 신국판 / 356쪽 / 12,000원

탈모 예방과 모발 클리닉
장정훈 · 전재홍 지음 / 신국판 / 252쪽 / 8,000원

구태규의 100% 성공 다이어트
구태규 지음 / 4×6배판 변형 / 240쪽 / 9,900원

암 예방과 치료법
이춘기 지음 / 신국판 / 296쪽 / 11,000원

알기 쉬운 위장병 예방과 치료법
민영일 지음 / 신국판 / 328쪽 / 9,900원

이온 채내혁명
노보루 야마노이 지음 / 김병관 옮김 / 신국판 / 272쪽 / 9,500원

어혈과 사혈요법
정지천 지음 / 신국판 / 308쪽 / 12,000원

약손 경락마사지로 건강미인 만들기
고정환 지음 / 4×6배판 변형 / 284쪽 / 15,000원

정유정의 LOVE DIET
정유정 지음 / 4×6배판 변형 / 196쪽 / 10,500원

머리에서 발끝까지 예뻐지는 부분다이어트
신상만 · 김선민 지음 / 4×6배판 변형 / 196쪽 / 11,000원

알기 쉬운 심장병 119
박승정 지음 / 신국판 / 248쪽 / 9,000원

알기 쉬운 고혈압 119
이정균 지음 / 신국판 / 304쪽 / 10,000원

여성을 위한 **부인과질환의 예방과 치료**
차선희 지음 / 신국판 / 304쪽 / 10,000원

알기 쉬운 **아토피 119**
이승규 · 임승엽 · 김문호 · 안유일 지음 / 신국판 / 232쪽 / 9,500원

120세에 도전한다
이권행 지음 / 신국판 / 308쪽 / 11,000원

건강과 아름다움을 만드는 요가
정판식 지음 / 4×6배판 변형 / 224쪽 / 14,000원

우리 아이 건강하고 아름다운 **롱다리 만들기**
김성훈 지음 / 대국전판 / 236쪽 / 10,500원

알기 쉬운 **허리디스크 예방과 치료**
이종서 지음 / 대국전판 / 336쪽 / 12,000원

소아과 전문의에게 듣는 알기 쉬운 **소아과 119**
신영규 · 이강우 · 최성항 지음 / 4×6배판 변형 / 280쪽 / 14,000원

피가 맑아야 건강하게 오래 살 수 있다
김영찬 지음 / 신국판 / 256쪽 / 10,000원

웰빙형 피부 미인을 만드는 **나만의 셀프 피부건강**
양해원 지음 / 대국전판 / 144쪽 / 10,000원

내 몸을 살리는 **생활 속의 웰빙 항암 식품**
이승남 지음 / 대국전판 / 248쪽 / 9,800원

마음한글, 느낌한글
박완식 지음 / 4×6배판 / 300쪽 / 15,000원

웰빙 동의보감식 **발마사지 10분**
최미희 지음 / 신재용 감수 / 4×6배판 변형 / 204쪽 / 13,000원

아름다운 몸, 건강한 몸을 위한 **목욕 건강 30분**
임하성 지음 / 대국전판 / 176쪽 / 9,500원

내가 만드는 **한방생주스 60**
김영섭 지음 / 국판 / 112쪽 / 7,000원

몸을 살리는 건강식품
백은희 · 조창호 · 최양진 지음 / 신국판 / 384쪽 / 11,000원

건강도 키우고 성적도 올리는 자녀 건강
김진돈 지음 / 신국판 / 304쪽 / 12,000원

알기 쉬운 **간질환 119**
이관식 지음 / 신국판 / 272쪽 / 11,000원

밥으로 병을 고친다
허봉수 지음 / 대국전판 / 352쪽 / 13,500원

알기 쉬운 **신장병 119**
김형규 지음 / 신국판 / 240쪽 / 10,000원

마음의 감기 치료법 **우울증 119**
이민수 지음 / 대국전판 / 232쪽 / 9,800원

관절염 119
송영욱 지음 / 대국전판 / 224쪽 / 9,800원

내 딸을 위한 **미성년 클리닉**
강병문 · 이향아 · 최정원 지음 / 국판 / 148쪽 / 8,000원

암을 다스리는 기적의 치유법
케이 세이혜이 감수 / 카와키 나리카즈 지음 / 민병수 옮김
신국판 / 256쪽 / 9,000원

스트레스 다스리기
대한불안장애학회 스트레스관리연구특별위원회 지음
신국판 / 304쪽 / 12,000원

천연 식초 건강법 건강식품연구회 엮음 / 신재용(해성한의원 원장) 감수
신국판 / 252쪽 / 9,000원

암에 대한 모든 것
서울아산병원 암센터 지음 / 신국판 / 360쪽 / 13,000원

알록달록 컬러 다이어트
이승남 지음 / 국판 / 248쪽 / 10,000원

당신도 부모가 될 수 있다
정병준 지음 / 신국판 / 268쪽 / 9,500원

키 10cm 더 크는 **키네스 성장법** 김양수 · 이종균 · 최형규 · 표재환 · 김문회 지음
대국전판 / 312쪽 / 12,000원

당뇨병 백과
이현철 · 송myoung득 · 안철우 지음 / 4×6배판 변형 / 396쪽 / 16,000원

호흡기 클리닉 119
박성학 지음 / 신국판 / 256쪽 / 10,000원

키 쑥쑥 크는 롱다리 만들기
롱다리 성장클리닉 원장단 지음 / 4×6배판 변형 / 256쪽 / 11,000원

내 몸을 살리는 건강식품
백은희 · 조창호 · 최양진 지음 / 신국판 / 368쪽 / 11,000원

내 몸에 맞는 운동과 건강
하철수 지음 / 신국판 / 264쪽 / 11,000원

알기 쉬운 **척추 질환 119**
김수연 지음 / 신국판 변형 / 240쪽 / 11,000원

교 육

우리 교육의 창조적 백색혁명
원상기 지음 / 신국판 / 206쪽 / 6,000원

현대생활과 체육
조창남 외 5명 공저 / 신국판 / 340쪽 / 10,000원

퍼펙트 MBA IAE유학네트 지음 / 신국판 / 400쪽 / 12,000원

유학길라잡이 I - 미국편
IAE유학네트 지음 / 4×6배판 / 372쪽 / 13,900원

유학길라잡이 II - 4개국편
IAE유학네트 지음 / 4×6배판 / 348쪽 / 13,900원

조기유학길라잡이.com
IAE유학네트 지음 / 4×6배판 / 428쪽 / 15,000원

현대인의 건강생활
박상호 외 5명 공저 / 4×6배판 / 268쪽 / 15,000원

천재아이로 키우는 두뇌훈련
나카마츠 요시로 지음 / 민병수 옮김 / 국판 / 288쪽 / 9,500원

두뇌혁명
나카마츠 요시로 지음 / 민병수 옮김 / 4×6판 양장본 / 288쪽 / 12,000원

테마별 고사성어로 익히는 한자
김경익 지음 / 4×6배판 변형 / 248쪽 / 9,800원

生생 공부비법 이은승 지음 / 대국전판 / 272쪽 / 9,500원

자녀를 성공시키는 **습관만들기**
배은경 지음 / 대국전판 / 232쪽 / 9,500원

한자능력검정시험 1급
한자능력검정시험연구위원회 편저 / 4×6배판 / 568쪽 / 21,000원

한자능력검정시험 2급
한자능력검정시험연구위원회 편저 / 4×6배판 / 472쪽 / 18,000원

한자능력검정시험 3급(3급II)
한자능력검정시험연구위원회 편저 / 4×6배판 / 440쪽 / 17,000원

한자능력검정시험 4급(4급II)
한자능력검정시험연구위원회 편저 / 4×6배판 / 352쪽 / 15,000원

한자능력검정시험 5급
한자능력검정시험연구위원회 편저 / 4×6배판 / 264쪽 / 11,000원

한자능력검정시험 6급
한자능력검정시험연구위원회 편저 / 4×6배판 / 168쪽 / 8,500원

한자능력검정시험 7급
한자능력검정시험연구위원회 편저 / 4×6배판 / 152쪽 / 7,000원

한자능력검정시험 8급
한자능력검정시험연구위원회 편저 / 4×6배판 / 112쪽 / 6,000원

볼링의 이론과 실기 이택상 지음 / 신국판 / 192쪽 / 9,000원

고사성어로 끝내는 천자문
조준상 글 · 그림 / 4×6배판 / 216쪽 / 12,000원

내 아이 스타 만들기
심빈성 지음 / 신국판 / 200쪽 / 9,000원

교육 1번지 강남 엄마들의 **수험생 자녀 관리**
황송주 지음 / 신국판 / 288쪽 / 9,500원

초등학생이 꼭 알아야 할 **위대한 역사 상식**
우진영 · 이양경 지음 / 4×6배판 변형 / 228쪽 / 9,500원

초등학생이 꼭 알아야 할 **행복한 경제 상식**
우진영 · 전선심 지음 / 4×6배판 변형 / 224쪽 / 9,500원

초등학생이 꼭 알아야할 **재미있는 과학상식**
우진영 · 정경희 지음 / 4×6배판 변형 / 220쪽 / 9,500원

한자능력검정시험 3급 · 3급 II
한자능력검정시험연구위원회 편저 / 4×6판 / 380쪽 / 7,500원

교과서 속에 꼭꼭 숨어있는 **이색박물관 체험**   이신화 지음
대국전판 / 248쪽 / 12,000원

초등학생 독서 논술(저학년)   책마루 독서교육연구회 지음
4×6배판 변형 / 244쪽 / 14,000원

초등학생 독서 논술(고학년)   책마루 독서교육연구회 지음
4×6배판 변형 / 236쪽 / 14,000원

놀면서 배우는 경제
김솔 지음 / 대국전판 / 196쪽 / 10,000원

건강생활과 레저스포츠 즐기기
강선희 외 11명 공저 / 4×6배판 / 324쪽 / 18,000원

아이의 미래를 바꿔주는 **좋은 습관**
배은경 지음 / 신국판 / 216쪽 / 9,500원

다중지능 아이의 미래를 바꾼다
이소영 외 6인 지음 / 신국판 / 232쪽 / 11,000원

공부가 제일 쉬운 공부 달인 되기
이은승 지음 / 신국판 / 256쪽 / 10,000원

취미 · 실용

김진국과 같이 배우는 **와인의 세계**
김진국 지음 / 국배판 변형양장본(올 컬러판) / 208쪽 / 30,000원

경제 · 경영

CEO가 될 수 있는 성공법칙 101가지
김승룡 편역 / 신국판 / 320쪽 / 9,500원

정보소프트   김승룡 지음 / 신국판 / 324쪽 / 6,000원

기획대사전   다카하시 겐코 지음 / 홍영의 옮김
신국판 / 552쪽 / 19,500원

맨손창업 · 맞춤창업 BEST 74
양혜숙 지음 / 신국판 / 416쪽 / 12,000원

무자본, 무점포 창업! FAX 한 대면 성공한다
다카시로 고시 지음 / 홍영의 옮김 / 신국판 / 226쪽 / 7,500원

성공하는 기업의 **인간경영**   중소기업 노무 연구회 편저 / 홍영의 옮김
신국판 / 368쪽 / 11,000원

21세기 IT가 세계를 지배한다
김광희 지음 / 신국판 / 380쪽 / 12,000원

경제기사로 부자아빠 만들기
김기태 · 신현태 · 박근수 공저 / 신국판 / 388쪽 / 12,000원

포스트 PC의 주역 **정보가전과 무선인터넷**
김광희 지음 / 신국판 / 356쪽 / 12,000원

성공하는 사람들의 **마케팅 바이블**
채수명 지음 / 신국판 / 328쪽 / 12,000원

느린 비즈니스로 돌아가라
사카모토 게이이치 지음 / 정성호 옮김 / 신국판 / 276쪽 / 9,000원

적은 돈으로 큰돈 벌 수 있는 **부동산 재테크**
이원재 지음 / 신국판 / 340쪽 / 12,000원

바이오혁명
이주영 지음 / 신국판 / 328쪽 / 12,000원

성공하는 사람들의 **자기혁신 경영기술**
채수명 지음 / 신국판 / 344쪽 / 12,000원

CFO   교텐 토요오 · 타하라 오키시 지음 / 민병수 옮김
신국판 / 312쪽 / 12,000원

네트워크시대 네트워크마케팅
임동학 지음 / 신국판 / 376쪽 / 12,000원

성공리더의 7가지 조건
다이앤 트레이시 · 윌리엄 모건 지음 / 지창영 옮김
신국판 / 360쪽 / 13,000원

김종결의 **성공창업**
김종결 지음 / 신국판 / 340쪽 / 12,000원

최적의 타이밍에 **내 집 마련하는 기술**
이원재 지음 / 신국판 / 248쪽 / 10,500원

컨설팅 세일즈 *Consulting sales*
임동학 지음 / 대국전판 / 336쪽 / 13,000원

연봉 10억 만들기
김농주 지음 / 국판 / 216쪽 / 10,000원

주5일제 근무에 따른 **한국형 주말창업**
최효진 지음 / 신국판 변형 양장본 / 216쪽 / 10,000원

돈 되는 땅 돈 안되는 땅
김영준 지음 / 신국판 / 320쪽 / 13,000원

돈 버는 회사로 만들 수 있는 109가지
다카하시 도시노리 지음 / 민병수 옮김 / 신국판 / 344쪽 / 13,000원

프로는 디테일에 강하다
김미현 지음 / 신국판 / 248쪽 / 9,000원

머니투데이 송복규 기자의 **부동산으로 주머니돈 100배 만들기**
송복규 지음 / 신국판 / 328쪽 / 13,000원

성공하는 슈퍼마켓&편의점 창업
나명환 지음 / 4×6배판 변형 / 500쪽 / 28,000원

대한민국 성공 재테크 **부동산 펀드와 리츠로 승부하라**
김영준 지음 / 신국판 / 256쪽 / 12,000원

마일리지 200% 활용하기
박성희 지음 / 국판 변형 / 200쪽 / 8,000원

1%의 가능성에 도전, **성공 신화를 이룬 여성 CEO**
김미현 지음 / 신국판 / 248쪽 / 9,500원

3천만 원으로 **부동산 재벌 되기**
최수길 · 이숙 · 조연희 지음 / 신국판 / 290쪽 / 12,000원

10년을 앞설 수 있는 **재테크**
노동규 지음 / 신국판 / 260쪽 / 10,000원

세계 최강을 추구하는 도요타 방식
나카야마 키요타카 지음 / 민병수 옮김 / 신국판 / 296쪽 / 12,000원

최고의 설득을 이끌어내는 **프레젠테이션**
조두환 지음 / 신국판 / 296쪽 / 11,000원

최고의 만족을 이끌어내는 **창의적 협상**
조강희 · 조원희 지음 / 신국판 / 248쪽 / 10,000원

New 세일즈 기법 **물건을 팔지 말고 가치를 팔아라**
조기선 지음 / 신국판 / 264쪽 / 9,500원

작은 회사는 전략이 달라야 산다
황문진 지음 / 신국판 / 312쪽 / 11,000원

돈되는 **슈퍼마켓&편의점 창업전략(입지 편)**
나명환 지음 / 신국판 / 352쪽 / 13,000원

25 · 35 꼼꼼 여성 재테크
정원훈 지음 / 신국판 / 224쪽 / 11,000원

대한민국 2030 독특하게 창업하라
이상헌 · 이호 지음 / 신국판 / 288쪽 / 12,000원

왕초보 주택 경매로 돈 벌기
천관성 지음 / 신국판 / 268쪽 / 12,000원

New 마케팅 기법 (실천편) **물건을 팔지 말고 가치를 팔아라 2**
조기선 지음 / 신국판 / 240쪽 / 10,000원

퇴출 두려워 마라 홀로서기에 도전하라
신정수 지음 / 신국판 / 256쪽 / 11,500원

슈퍼마켓&편의점 창업 바이블
나명환 지음 / 신국판 / 280쪽 / 12,000원

위기의 한국 기업 재창조하라
신정수 지음 / 신국판 / 304쪽 / 15,000원

주 식

개미군단 대박맞이 주식투자
홍성걸(한양증권 투자분석팀 팀장) 지음 / 신국판 / 310쪽 / 9,500원

알고 하자! **돈 되는 주식투자**
이길영 외 2명 공저 / 신국판 / 388쪽 / 12,500원

항상 당하기만 하는 개미들의 매도 · 매수타이밍 **999% 적중 노하우**
강경무 지음 / 신국판 / 336쪽 / 12,000원

부자 만들기 주식성공클리닉
이창희 지음 / 신국판 / 372쪽 / 11,500원

선물 · 옵션 이론과 실전매매
이창희 지음 / 신국판 / 372쪽 / 12,000원

너무나 쉬워 재미있는 주가차트

홍성무 지음 / 4×6배판 / 216쪽 / 15,000원
주식투자 직접 투자로 높은 수익을 올릴 수 있는 비결
김학균 지음 / 신국판 / 230쪽 / 11,000원

역 학

역리종합 만세력 정도명 편저 / 신국판 / 532쪽 / 10,500원
작명대전 정보국 지음 / 신국판 / 460쪽 / 12,000원
하락이수 해설 이천교 편저 / 신국판 / 620쪽 / 27,000원
현대인의 창조적 **관상과 수상** 백운산 지음 / 신국판 / 344쪽 / 9,000원
대운용신영부적 정재원 지음 / 신국판 양장본 / 750쪽 / 39,000원
사주비결활용법 이세진 지음 / 신국판 / 392쪽 / 12,000원
컴퓨터세대를 위한 新**성명학대전** 박용찬 지음 / 신국판 / 388쪽 / 11,000원
길흉화복 꿈풀이 비법 백운산 지음 / 신국판 / 410쪽 / 12,000원
새천년 작명컨설팅 정재원 지음 / 신국판 / 492쪽 / 13,900원
백운산의 신세대 궁합 백운산 지음 / 신국판 / 304쪽 / 9,500원
동자삼 작명학 남시모 지음 / 신국판 / 496쪽 / 15,000원
구성학의 기초 문길여 지음 / 신국판 / 412쪽 / 12,000원
소울음소리 이건우 지음 / 신국판 / 314쪽 / 10,000원

법률 일반

여성을 위한 **성범죄 법률상식**
조명원(변호사) 지음/ 신국판 248쪽 / 8,000원
아파트 난방비 75% 절감방법
고영근 지음 / 신국판 / 238쪽 / 8,000원
일반인이 꼭 알아야 할 절세전략 173선
최성호(공인회계사) 지음 / 신국판 / 392쪽 / 12,000원
변호사와 함께하는 **부동산 경매**
최환주(변호사) 지음 / 신국판 / 404쪽 / 13,000원
혼자서 쉽고 빠르게 할 수 있는 **소액재판**
김재용 · 김종철 공저 / 신국판 / 312쪽 / 9,500원
"술 한 잔 사겠다"는 말에서 찾아보는 채권 · 채무
변환철(변호사) 지음 / 신국판 / 408쪽 / 13,000원
알기쉬운 **부동산 세무 길라잡이**
이건우(세무서 재산계장) 지음 / 신국판 / 400쪽 / 13,000원
알기쉬운 **어음, 수표 길라잡이**
변환철(변호사) 지음 / 신국판 / 328쪽 / 11,000원
제조물책임법
강동근(변호사) · 윤종성(검사) 공저 / 신국판 / 368쪽 / 13,000원
알기 쉬운 **주5일근무에 따른 임금 · 연봉제 실무**
문강분(공인노무사) 지음 / 4×6배판 변형 / 544쪽 / 35,000원
변호사 없이 당당히 이길 수 있는 **형사소송**
김대환 지음 / 신국판 / 304쪽 / 13,000원
변호사 없이 당당히 이길 수 있는 **민사소송**
김대환 지음 / 신국판 / 412쪽 / 14,500원
혼자서 해결할 수 있는 **교통사고 Q&A**
조명원(변호사) 지음 / 신국판 / 336쪽 / 12,000원
알기 쉬운 **개인회생 · 파산 신청법**
최재구(법무사) 지음 / 신국판 / 352쪽 / 13,000원

생활법률

부동산 생활법률의 기본지식
대한법률연구회 지음 / 김원중(변호사) 감수 / 신국판 / 472쪽 / 13,000원
고소장 · 내용증명 생활법률의 기본지식
하태웅(변호사) 지음 / 신국판 / 440쪽 / 12,000원
노동 관련 생활법률의 기본지식
남동회(공인노무사) 지음 / 신국판 / 528쪽 / 14,000원
외국인 근로자 생활법률의 기본지식
남동회(공인노무사) 지음 / 신국판 / 400쪽 / 12,000원
계약작성 생활법률의 기본지식

이상도(변호사) 지음 / 신국판 / 560쪽 / 14,500원
지적재산 생활법률의 기본지식
이상도(변호사) · 조의제(변리사) 공저 / 신국판 / 496쪽 / 14,000원
부당노동행위와 부당해고 생활법률의 기본지식
박영수(공인노무사) 지음 / 신국판 / 432쪽 / 14,000원
주택 · 상가임대차 생활법률의 기본지식
김운용(변호사) 지음 / 신국판 / 480쪽 / 14,000원
하도급거래 생활법률의 기본지식
김진홍(변호사) 지음 / 신국판 / 440쪽 / 14,000원
이혼소송과 재산분할 생활법률의 기본지식
박동섭(변호사) 지음 / 신국판 / 460쪽 / 14,000원
부동산등기 생활법률의 기본지식
정상태(법무사) 지음 / 신국판 / 456쪽 / 14,000원
기업경영 생활법률의 기본지식
안동섭(단국대 교수) 지음 / 신국판 / 466쪽 / 14,000원
교통사고 생활법률의 기본지식
박정무(변호사) · 전병찬 공저 / 신국판 / 480쪽 / 14,000원
소송서식 생활법률의 기본지식
김대환 지음 / 신국판 / 480쪽 / 14,000원
호적 · 가사소송 생활법률의 기본지식
정주수(법무사) 지음 / 신국판 / 516쪽 / 14,000원
新**상속과 세금 생활법률**의 기본지식
박동섭(변호사) 지음 / 신국판 / 492쪽 / 14,500원
담보 · 보증 생활법률의 기본지식
류창호(법학박사) 지음 / 신국판 / 436쪽 / 14,000원
소비자보호 생활법률의 기본지식
김성천(법학박사) 지음 / 신국판 / 504쪽 / 15,000원
판결 · 공정증서 생활법률의 기본지식
정상태(법무사) 지음 / 신국판 / 312쪽 / 13,000원
산업재해보상보험 생활법률의 기본지식
정유석(공인노무사) 지음 / 신국판 / 384쪽 / 14,000원

처 세

성공적인 삶을 추구하는 여성들에게 **우먼파워**
조안 커너 · 모이라 레이너 공저 / 지창영 옮김
신국판 / 352쪽 / 8,800원
聽 **이익이 되는 말** 話 **손해가 되는 말**
우메시마 미요 지음 / 정성호 옮김 / 신국판 / 304쪽 / 9,000원
부자들의 생활습관 가난한 사람들의 생활습관
다케우치 야스오 지음 / 홍영의 옮김 / 신국판 / 320쪽 / 9,800원
코끼리 귀를 당긴 원숭이-히딩크식 창의력을 배우자
강충인 지음 / 신국판 / 208쪽 / 8,500원
성공하려면 유머와 위트로 무장하라
민영욱 지음 / 신국판 / 292쪽 / 9,500원
등소평의 오뚝이전략
조창남 편저 / 신국판 / 304쪽 / 9,500원
노무현 화술과 화법을 통한 이미지 변화
이현정 지음 / 신국판 / 320쪽 / 10,000원
성공하는 사람들의 **토론의 법칙**
민영욱 지음 / 신국판 / 280쪽 / 9,500원
사람은 칭찬을 먹고산다
민영욱 지음 / 신국판 / 268쪽 / 9,500원
사과의 기술
김농주 지음 / 신국판 변형 양장본 / 200쪽 / 10,000원
취업 경쟁력을 높여라
김농주 지음 / 신국판 / 280쪽 / 12,000원
유비쿼터스시대의 블루오션 전략
최양진 지음 / 신국판 / 248쪽 / 10,000원
나만의 블루오션 전략-화술편
민영욱 지음 / 신국판 / 254쪽 / 10,000원
희망의 씨앗을 뿌리는 20대를 위하여

우광균 지음 / 신국판 / 172쪽 / 8,000원

끌리는 사람이 되기위한 이미지 컨설팅
홍순아 지음 / 대국전판 / 194쪽 / 10,000원

글로벌 리더의 소통을 위한 스피치
민영욱 지음 / 신국판 / 328쪽 / 10,000원

오바마처럼 꿈에 미쳐라
정영순 지음 / 신국판 / 208쪽 / 9,500원

여자 30대, 내 생애 최고의 인생을 만들어라
정영순 지음 / 신국판 / 256쪽 / 11,500원

인맥의 달인을 넘어 인맥의 神이 되라
서필환 · 봉은희 지음 / 신국판 / 304쪽 / 12,000원

아임 파인(I'm Fine!)
오오카와 류우호오 지음 / 4×6판 / 152쪽 / 8,000원

명 상

명상으로 얻는 깨달음
달라이 라마 지음 / 지창영 옮김 / 국판 / 320쪽 / 9,000원

어 학

2진법 영어 이상도 지음 / 4×6배판 변형 / 328쪽 / 13,000원

한 방으로 끝내는 영어 고제윤 지음 / 신국판 / 316쪽 / 9,800원

한 방으로 끝내는 영단어 김승엽 지음 / 김수경 · 카렌다 감수 /
4×6배판 변형 / 236쪽 / 9,800원

해도해도 안 되던 영어회화 하루에 30분씩 90일이면 끝낸다
Carrot Korea 편집부 지음 / 4×6배판 변형 / 260쪽 / 11,000원

바로 활용할 수 있는 기초생활영어
김수경 지음 / 신국판 / 240쪽 / 10,000원

바로 활용할 수 있는 비즈니스영어
김수경 지음 / 신국판 / 252쪽 / 10,000원

생존영어55 홍일록 지음 / 신국판 / 224쪽 / 8,500원

필수 여행영어회화 한현숙 지음 / 4×6판 변형 / 328쪽 / 7,000원

필수 여행일어회화 윤영자 지음 / 4×6판 변형 / 264쪽 / 6,500원

필수 여행중국어회화 이은진 지음 / 4×6판 변형 / 256쪽 / 7,000원

영어로 배우는 중국어 김승엽 지음 / 신국판 / 216쪽 / 9,000원

필수 여행스페인어회화 유연창 지음 / 4×6판 변형 / 288쪽 / 7,000원

바로 활용할 수 있는 홈스테이 영어
김형주 지음 / 신국판 / 184쪽 / 9,000원

필수 여행러시아어회화 이은수 지음 / 4×6판 변형 / 248쪽 / 7,500원

레포츠

수열이의 브라질 축구 탐방 삼바 축구, 그들은 강하다
이수열 지음 / 신국판 / 280쪽 / 8,500원

마라톤, 그 아름다운 도전을 향하여
빌 로저스 · 프리실라 웰치 · 조 헨더슨 공저 /
오인환 감수 / 지창영 옮김 / 4×6배판 / 320쪽 / 15,000원

인라인스케이팅 100%즐기기
임미숙 지음 / 4×6배판 변형 / 172쪽 / 11,000원

배스낚시 테크닉
이종건 지음 / 4×6배판 / 440쪽 / 20,000원

나도 디지털 전문가 될 수 있다!!!
이승훈 지음 / 4×6배판 / 320쪽 / 19,200원

스키 100% 즐기기
김동환 지음 / 4×6배판 변형 / 184쪽 / 12,000원

태권도 총론
하웅의 지음 / 4×6배판 / 288쪽 / 15,000원

건강하고 아름다운 동양란 기르기
난마을 지음 / 4×6배판 변형 / 184쪽 / 12,000원

수영 100% 즐기기
김종만 지음 / 4×6배판 변형 / 248쪽 / 13,000원

애완견114
황양원 엮음 / 4×6배판 변형 / 228쪽 / 13,000원

건강을 위한 웰빙 걷기
이강옥 지음 / 대국전판 / 280쪽 / 10,000원

우리 땅 우리 문화가 살아 숨쉬는 옛터
이형권 지음 / 대국전판 올컬러 / 208쪽 / 9,500원

아름다운 산사
이형권 지음 / 대국전판 올컬러 / 208쪽 / 9,500원

쉽고 즐겁게! 신나게! 배우는 재즈댄스
최재선 지음 / 4×6배판 변형 / 200쪽 / 12,000원

맛과 멋이 있는 낭만의 카페
박성찬 지음 / 대국전판 올컬러 / 168쪽 / 9,900원

한국의 숨어 있는 아름다운 풍경
이종원 지음 / 대국전판 올컬러 / 208쪽 / 9,900원

사람이 있고 자연이 있는 아름다운 명산
박기성 지음 / 대국전판 올컬러 / 176쪽 / 12,000원

마음의 고향을 찾아가는 여행 포구
김인자 지음 / 대국전판 올컬러 / 224쪽 / 14,000원

생명이 살아 숨쉬는 한국의 아름다운 강
민병준 지음 / 대국전판 올컬러 / 168쪽 / 12,000원

틈나는 대로 세계여행
김재관 지음 / 4×6배판 변형 올컬러 / 368쪽 / 20,000원

해양스포츠 카이트보딩
김남용 편저 / 신국판 올컬러 / 152쪽 / 18,000원

풍경 속을 걷는 즐거움 명상 산책
김인자 지음 / 대국전판 올컬러 / 224쪽 / 14,000원

3.3.7 세계여행
김완수 지음 / 4×6배판 변형 올컬러 / 280쪽 / 12,900원

골 프

퍼팅 메커닉
이근택 지음 / 4×6배판 변형 / 192쪽 / 18,000원

아마골프 가이드
정영호 지음 / 4×6배판 변형 / 216쪽 / 12,000원

골프 100타 깨기
김준모 지음 / 4×6배판 변형 / 136쪽 / 10,000원

골프 90타 깨기
김광섭 지음 / 4×6배판 변형 / 148쪽 / 11,000원

KLPGA 최여진 프로의 센스 골프
최여진 지음 / 4×6배판 변형 올컬러 / 192쪽 / 13,900원

KTPGA 김준모 프로의 파워 골프
김준모 지음 / 4×6배판 변형 올컬러 / 192쪽 / 13,900원

골프 80타 깨기
오태훈 지음 / 4×6배판 변형 / 132쪽 / 10,000원

신나는 골프 세상
유용열 지음 / 4×6배판 변형 올컬러 / 232쪽 / 16,000원

이신 프로의 더 퍼펙트
이신 지음 / 국배판 / 336쪽 / 28,000원

주니어출신 박영진 프로의 주니어골프
박영진 지음 / 4×6배판 변형 올컬러 / 164쪽 / 11,000원

골프손자병법
유용열 지음 / 4×6배판 변형 올컬러 / 212쪽 / 16,000원

박영진 프로의 주말 골퍼 100타 깨기
박영진 지음 / 4×6배판 변형 올컬러 / 160쪽 / 12,000원

10타 줄여주는 클럽 피팅
현세용 · 서주석 공저 / 4×6배판 변형 / 184쪽 / 15,000원

단기간에 싱글이 될 수 있는 원포인트 레슨
권용진 · 김준모 지음 / 4×6배판 변형 올컬러 / 152쪽 / 12,500원

이신 프로의 더 퍼펙트 쇼트 게임
이신 지음 / 국배판 올컬러 / 248쪽 / 20,000원

여성실용

결혼준비, 이제 놀이가 된다 김창규 · 김수경 · 김정철 지음
4×6배판 변형 올컬러 / 230쪽 / 13,000원

공부가 제일 쉬운

공부 달인 되기

2009년 1월 25일 제1판 1쇄 발행

지은이/이은승
펴낸이/강선희
펴낸곳/가림출판사

등록/1992. 10. 6. 제4-191호
주소/서울시 광진구 구의동 57-71 부원빌딩 4층
대표전화/458-6451   팩스/458-6450
홈페이지/www.galim.co.kr
전자우편/galim@galim.co.kr

값 10,000원

ⓒ 이은승, 2009

저자와의 협의하에 인지를 생략합니다.

ISBN 978-89-7895-311-5 13370